THE IDEAL CANAL GETTING REAL IN HANGZHOU

运河理想

一座遗产城市的未来生活
THE PROSPECTS OF A HERITAGE CITY

杭州市运河集团 编著

ZHEJIANG UNIVERSITY PRESS
浙江大学出版社
·杭州·

图书在版编目（ＣＩＰ）数据

运河理想：一座遗产城市的未来生活 / 杭州市运河
集团编著. -- 杭州：浙江大学出版社，2024.4
ISBN 978-7-308-24784-9

Ⅰ.①运… Ⅱ.①杭… Ⅲ.①大运河－文化研究－杭
州 Ⅳ.①K928.42

中国国家版本馆CIP数据核字(2024)第067888号

运河理想：一座遗产城市的未来生活

杭州市运河集团　编著

责任编辑　周烨楠

责任校对　韦丽娟

责任印制　范洪法

封面设计　徐世明

出版发行　浙江大学出版社

　　　　　（杭州市天目山路148号　邮政编码310007）

　　　　　（网址：http://www.zjupress.com）

排版　　　徐世明

印刷　　　浙江海虹彩色印务有限公司

开本　　　889mm×1194mm　1/16

印张　　　12.5

字数　　　484千

版印次　　2024年4月第1版　2024年4月第1次印刷

书号　　　ISBN 978-7-308-24784-9

定价　　　188.00元

审图号　　浙杭S（2024）9号

浙江大学出版社市场运营中心电话（0571）88925591；http://zjdxcbs.tmall.com

序

一

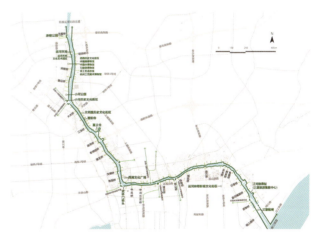

▲ 京杭大运河（杭州段）水岸互动文旅融合提升项目

▲ 京杭大运河上的拱宸桥（1917—1919）

一条河流的复兴

世界上的绝大多数城市都坐落在河流两岸，河流与城市是博弈生长的关系，孕育与繁荣、污染与保护、萧条与复兴，河流与城市在历史长河中你进我退、同生共死，螺旋式向上发展。走了很多弯弯曲曲的路，人们才意识到亲水是居住者的天性，城市必须尊重、拥抱河流，河流才肯与城市再度相逢。河流的复兴不仅仅是一条河的治理、两岸的激活，它要深入城市的腹地，重构城市生产、生活和生态，带给城市新的风度和气度。

滨水城市的更新是一项繁琐而伟大的工程。自20世纪70年代末开始，世界上很多国家都投身到滨水区的开发建设中。滨水城市经历了从繁荣发展到污染衰败，然后又进入更新与复兴的时代历程。这与产业革命带来的成果息息相关，当大规模的产业结构调整之后，人们重新打量被遗忘和被忽视的一切，再度渴望有温度有厚度的城市生活。如今，所有的更新都是为了迎接人们心目中的美好生活。

中国的自然水系因地球自转和地形分布，多是自西向东流向，因此南北向的交通自然禀赋较差。自连通南北的大运河一贯通，大半个中国大地上便形成了一个个"丰"字相连的版图。在运河两旁的城镇里，舟楫相交，人烟繁盛，"丰"是大运河书写成的华章。在中华民族的发展史上，中国大运河为发展南北交通、沟通南北经济作出了巨大贡献，史称"半天下之财赋，悉由此路而进"。流金淌银的运河促成了沿岸城市的繁荣，自北京而下，经天津、沧州、德州、临清、聊城、济宁、徐州、淮安、扬州、镇江、常州、无锡、苏州、嘉兴、杭州、绍兴，直至宁波，

这些运河边的城市如运河明珠，璀璨发光，折射着千年和缓沉积的水缘文明。那一段一段被无数隔世的劳力连接起来的大运河，和北方用泥土和水以T字形连接的长城一样，支撑起一个文明对安全和繁荣的梦想。2019年，习近平总书记主持召开中央全面深化改革委员会第九次会议，他指出："建设长城、大运河、长征国家文化公园，对坚定文化自信，彰显中华优秀传统文化的持久影响力、革命文化的强大感召力具有重要意义。"大运河和城市再度重逢，一条河流的复兴必将给城市带来新的活力，整个杭州大城北就此迎来更高站位的建设和运营格局。

流动带来了流通，流通促进了交换，交换衍生了交流，交流达成了共识，共识造就了命运共同体。杭州是京杭大运河的南端起点，两千多年间，华夏文明、中国治理依托这座城市得到不断革新式的发展，如今它更是承担着数字化改革、成为科技创新策源地的使命，加速了属于全球命运共同体的历史性万物互联，展现了京杭大运河最南端的时代梦想。

在新的时期，大运河滋养出来的沿岸城市，在不断更迭的运河文化保护、传承、利用方面，各尽其才，各尽其智，一起迎接大运河国家文化公园的落成。而杭州作为运河南端的重要城市，它更加看重河流对城市的赋能和激活，向着一个更加包容开放、俯仰古今、融通中外、运济天下的河域前行。

杭州市运河集团

序
二

▲从西湖文化广场望向半山望宸阁（摄影：肖奕叁）

百年大计，重构生活

世界上最长，也是开凿最早、规模最大的中国大运河，由京杭大运河、隋唐大运河、浙东运河三个部分组成，在约3200千米的河道上流淌了2500多年，所经8个省份都是国家重大战略关联区域。大运河沿线以全国10%的土地供养了中国1/3的人口，为国家贡献了近一半的GDP，是我国经济社会最发达、发展动力最强劲的区域之一。

作为世界文化遗产，中国大运河至今一直以自己的方式，在输水供水、防洪排涝、内河航运、生态景观等方面，惠及两岸的万千民众。仅杭州段，就居住着近300万人，他们生于斯，长于斯，所有生活都与运河息息相关，在两岸形成了结构参差、文化多元的滨水空间。

中国大运河给杭州留下了丰富的遗迹遗存，世界遗产点多达11处，数量位居沿线城市前列。这些遗址遗存，无不凝聚着人民的汗水与智慧，见证了不同时代水利工程、航运技术、生产生活的更新演变，可以说既源自民间，又反哺、服务于人民，是至今还在使用的活态文化遗产，而这也成为大运河区别于其他自然江河的最大特点。

得益于运河带来的水路之便，早在明清时代，杭州城北便已是浙北重要的商贸物流中心。1949年后，这里又变身为杭州的工业重地。虽然在国企改制、"退二进三"的浪潮中一度迷茫，但所幸随着2014年中国大运河申遗成功，城北重新蓄势待发。而2016年G20峰会的召开，以及在那前后大批工厂的搬迁，则为城北的三度崛起创造了千载难逢的机遇。杭州城北的工业遗存（保护性利用和适

应性利用），面积就达近12万平方米，如何激活这片土地是摆在实践者——杭州市运河集团面前的难题。

其实早在2006年，时任浙江省委书记的习近平就要求把运河真正打造成具有时代特征、杭州特色的景观河、生态河、文化河，真正成为"人民的运河""游客的运河"，而杭州也一直照此标准推进着运河的综保与开发。所以多年以后，当国家提出建设大运河国家文化公园时，浙江便决心"把杭州段打造成中国大运河文化核心展示区，力争使杭州段在大运河文化带中的地位达到八达岭在长城中的地位一样"，在包含杭钢新城和运河新城15.6平方千米的大城北核心区（大运河新城）先行打造示范区，把城北建设成为"展示我国城市有机更新成果的重要窗口"。为此，杭州市运河集团邀请了世界级设计公司荷兰MVRDV建筑规划事务所和擅长城市内容策划的北京天安时间团队，一起开展大城北示范区的定位、策划、规划工作。

不同于老杭州人印象中粗糙的城北印象，未来的大运河新城作为得到"官方认证"的城市副中心，将是一座包含博物院、滨水空间、景观大道、旧址公园等具有创造能动力的"艺文城市""知能城市"，尤其是新规划的十大重点标杆项目，多数为全球招标，将彻底焕新城北的城市界面，颠覆人们的传统认知。

以大运河为纵贯线的杭州大城北开发建设，放眼百年、接轨世界、面向未来，坚定地把运河还给人民：两岸

的生产、生活、生态空间被合理安排，宜业、宜居、宜乐、宜游的良好环境被全盘规划；通过调整两岸用地功能和模式，改变景观的不可进入性，活跃公共活动岸线；以十大项目为核心，抓住大运河国家文化公园建设的契机——杭州北部将成为一个引领人民美好生活的示范地。因河兴城，因城护河，大运河新城是对川流不息的古老运河最好的拥抱和致敬。

《运河理想：一座遗产城市的未来生活》第一次完整梳理了大运河新城的策划、规划和建设历程，当所有项目还在夜以继日地建设时，这本书阐明了大城北建设的底层逻辑。2019年启动的大运河新城核心区城市设计，通过国际招标，从策划到规划，用心血和汗水使十大项目互相呼应，共同生长，一起散发出大运河新城独有的魅力，形成既有江南特色又有国际视野的城市空间形象。千年运河孕育出了拥有3个世界遗产的城市，在她的身旁也将出现世界级的滨水空间。所有的努力都是为了更好的人间烟火。

大城北，正在以"运河之芯"的姿态，开启高光时刻，改善两岸人民生活，迎接越来越多年轻人的到来。

陆晓亮

▲ 大运河流经西湖文化广场处（摄影：肖奕叁）

目 录

杭州实践

THE IDEAL CANAL
GETTING REAL IN
HANGZHOU

运河理想

大城北的记忆

光荣之地

说到杭州大城北，它南至德胜路，北至绕城高速北线，西至西湖区行政边界，东至沪杭铁路，约135.5平方千米，横跨拱墅、余杭、临平三个行政区。它与大城西、大江东并列为杭州市区三大重点开发区域，也是杭州城市有机更新和老城区产业振兴的最大区域。

京杭大运河水系像渔网一样铺撒开来，笼罩住杭州的城北。这片土地将近一个世纪的繁荣，都与这条运河息息相关、密不可分。

从隋代到民国，借助大运河、余杭塘河等水运便利，武林门至拱宸桥一带是外埠物产、近郊米柴的集散地，人烟阜盛，商贾云集，米市巷的米市、卖鱼桥的鱼市，还有众多土纸、锡箔行业穿插其间，所以自古就有"十里银湖墅"之说。

▲ 京杭大运河、小河、康家桥、余杭塘河交汇处（摄影：章胜贤）

新中国成立以后，中央提出发展沿海工业，杭州为了尽快从消费型城市转变为生产型城市，从"一五"计划起

便开始大量布局工业。在1951年的《杭州市区域计划总图》中可以看到，城北大片地方被规划为"工业区"。

▲ "杭州市区域计划总图"（1951年）

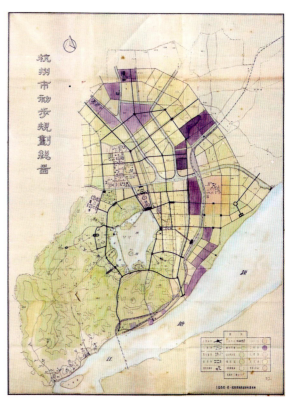

▲ "杭州市初步规划总图"（1956年），紫色块状即为工业区

而之所以选择城北，主要是因为看中了这里的水陆交通优势。杭钢、杭玻、半山电厂等建于这一时期的大厂，不是紧邻运河、西塘河，就是挨着320国道，从厂里出发，

进城或者去上海办事都很方便。更重要的是，运河承担了这些大厂所需重型机械和原材料的运输任务，几乎所有的大厂都在运河水系上配置了专用码头。

　　运河成了输送能源和力量的纽带。在20世纪50年代，沿河的大厂像一盏盏耀眼的灯，被流水次第点亮，逐渐汇聚成一个巨大的光团。工业化的温暖与光明，开始福泽杭州，乃至浙江。那时的城北，俨然是杭州工业化的旗帜。

　　"60后"杭州市城市规划设计研究院原总工程师汤海孺，他的母亲当时就在留祥路边、西塘河畔的华东制药厂上班。一到周末或放假，年幼的汤海孺便会去制药厂一带玩耍。他清楚地记得，工厂北边祥符桥那里曾经竖过一块牌子："外国人到此为止"。面对这种昭示"城北重地，闲人免入"的严正警告，可以自由越界的汤海孺有种莫名的自豪感。

▲浙麻厂，后面的大烟囱非常瞩目（图自"杭州党史馆和方志馆"微信公众号）

　　沿着水、陆两条路，天南地北的大批建设者会聚于此，在城北形成了一片不同于杭州城里的小天地。1957—2015年，共有833175人陆续成为杭钢人。加上家属和配套的服务业人口，他们曾经在半山缔造了一座"钢城"。杭钢厂区和生活区延绵十里，这里有以杭钢命名的医院、幼儿园、中学……有人戏言，除了火葬场，其他啥都有。

　　1978年设立的半山区，存在了十多年。杭钢、杭玻、

半山电厂等大厂都在半山区。当年半山区的行政代码是330107，凡是身份证由此开头的居民，大多都是这些大厂的职工或者家属。

▲化纤公寓（摄影：子夷）

　　随着越来越多的工业企业在城北诞生、发展，供职工们居住的各种新村也向南扩展：拱宸新村住的大多是浙麻的职工和家属，蓝孔雀社区居住的大多是化工厂子弟，还有和睦新村、湖墅新村、左家新村、石灰桥新村……一路向南，道路和运河水系始终环绕着这些大厂溢出的人口，并将他们向城市的腹地输送；它们如同血管和脐带，将城北工业区和杭州市区紧密缠绕在一起，用不断的泵压双向输送养料，滋养城市。

　　对工业的向往，影响了杭州人就业、婚恋的态度，他们对大工厂总是抱有一种神秘与光荣、不可名状的梦想。国营工厂辉煌的时候，杭州人说"要想看看什么是社会主义，就去看浙江麻纺厂""找工作到华丰，找对象到杭棉"。不要说到厂里工作，就算做个"厂二代"都很有面子；拿个工作证，是可以到小卖部赊账的。

　　作为大厂工人，无论是收入还是社会地位，都让人艳羡，他们的奉献为杭州赢得了无数高光时刻，让大城北成为光荣之地。在那个"工人阶级领导一切"的火红年代，这里的大厂子弟有着自己的荣耀。

▲华丰厂外大运河的支流西塘河上的废水排放站，那时的废水要按计划卖给农村当肥料（摄影：章胜贤）

千年大运河旁的大厂命运

杭钢

作为曾经浙江最大的工业企业，从1957年建厂到2015年关停，在长达58年的时间里，杭钢凭借庞大的厂区、如海的工人和从学校到医院的齐全的配套，不仅深刻奠定了城北的板块气质，还填充着无数人的青春记忆。

自从杭钢的大烟囱被定向爆破之后，从半山上望见的

厂区没有了黄、白等各种颜色的烟，只留标志性的炼铁高炉和一排一排叫不出名字的蓝色屋顶的大厂房，显得特别静气。朱远星曾担任杭钢炼铁厂厂长，来杭钢以后第一个印象，就是当时这里的生产和操作水平还比较落后，生产事故非常多，设备故障也非常多。

▲旧时杭钢里正在工作的工人掠影（摄影：章胜贤）

当年朱远星读书的教材都是20世纪50年代的，也就是苏联在20年代甚至19世纪的东西，跟实践有很大不同。朱远星和工友们在实践中不断摸索，将理论用于实践，也在实践中不断学习。一直到自己当了炉长、当了厂长，能利用现代的专业水平改造高炉时，朱远星才感觉自己做了一些工作。杭钢的炉子是在朱远星手里稳下来的，在朱远星当工长和炉长的时候，炉子从最开始三天一小冷、六天一大冷，到后面慢慢平稳。随着生产水平慢慢提高，消耗水平开始能够瞄准更高的目标。多年下来，朱远星把几个高炉都翻了一遍，380～450立方米的炉子翻到1250立方米，250立方米的炉子翻到了750立方米，24平方米的烧结机翻到了75平方米，把球团改造成了130平方米的大烧结机。整个炼铁厂有了一种现代化企业的味道。那个年代虽然辛苦，生活条件不怎么好，但是大家心往一处想，劲往一处使，生产风风火火，白天黑夜都扑在高炉上。虽然朱远星后来按照领导的安排离开了炼铁厂，但是当年激情燃烧的岁月却永远留在他的心里。

▲1988年时的杭州钢铁厂（摄影：阮晓）

当时杭钢一共只有两条大路，都是东西走向，一条靠山，一条近水。两条路一度平行，上面一条和生活有关，通往宿舍和居民区；下面一条和生产有关，是厂道，叫天祥大道。

▲杭钢河新旧照片对比

▲杭钢电炉分厂在建时掠影（摄影：章胜贤）

▲在20世纪60年代的老地图中，还能看到Y字形的厂道和半山路

▲天祥大道（摄影：停香）

　　厂道非常热闹，都是运煤、运铁、运焦炭、运钢材的大卡车，卡车后面经常会跟着一两个"小尾巴"，捡拾车上滑落下来的冒着热气的焦炭。焦炭是用于高炉炼铁的，不过据说用来发煤炉比一般的煤炭要好很多，所以常有临时家属捡去生火。临时家属跟着在杭钢工作的家人来到这里，没有工作，没有地，也没有钱，只有大把的时间，于是他们把大把的时间花在一切可以节省家庭开支和换取收入的事情上面。

　　除有临时家属的职工家庭外，就是双职工家庭了，父

▲2015年底，杭钢熄火，工人们也即将离开（摄影：王群力）

▲夕阳下的杭钢老厂房，与远处的半山望宸阁对望着（摄影：子夷）

母都有编制，孩子在钢铁厂办的幼儿园子弟学校读书。和城里不一样，这里没有老杭州的概念，没有中心，也没有上只角、下只角，大家都在城市边缘，没什么背景和根基，反而比较平等。这里基本都是外地人，复员军人居多，还有很多杭州七县一市以及浙江省内各地级市的人，所以杭州话不如普通话主流。这种微妙的区别，只有在两个语境里穿越过的人才能心领神会，外来语对杭州话潜移默化的改造在这里可以找到不少线索。

杭钢的子弟在城里读书也会抱团，他们不只是语境差不多，其他方面的辨识度也很高。有一个"钢"字在里面，他们多少带点阳刚的性格，体育特别是长跑普遍好，为人比较深沉稳重，喜怒哀乐不形于色，成绩中不溜，可是非常努力，肯吃苦，不肯轻易服输。男孩子不用说，女孩子也很男子气，讲义气，用今天的话说就是"女汉子"，别说杭州城里的学生，哪怕跟杭钢旁边的杭玻子弟和半山桥的牛奶公司子弟都有差别。杭钢子弟一度最看不惯牛奶公司子弟每天喝牛奶的习惯，太不"杭钢"了。

仿佛《西游记》中太上老君的炼丹炉一下子从天上兜率宫飞到这里落了户，作为飞地的杭钢几十年前就这样矗立起来了。厂道连接了杭钢供应处到炼铁、转炉、焦化、中轧、小连轧、热带、无缝、电炉等各大分厂，整个一条钢铁生产线，用今天的专业术语叫产业链。供应处是杭钢的窗口，煤铁矿原材料和钢铁成品的进出都在这里；高炉炼铁，转炉、电炉炼钢，钢铁怎样炼成的，看看这里就明白了。"不意百炼钢，化为绕指柔"，各种轧，跟牛轧糖似的化成锭、条、板、带、管，想要什么就有什么。

元宵灯会、秋天菊展是杭钢雷打不动的两大全民狂欢

节，都在大会堂草坪上举办。这两个活动是杭钢人的面子，他们届时会通知城里的亲朋好友来家里吃饭做客，然后一起去灯展、菊展合影留念，把杭钢最好的一面展示给亲友看。城里人说，没想到杭钢这么远的地方还有那么好看的展览，在杭州城里都看不到。杭钢人于是很自豪。要知道杭钢人是拿出当年大炼钢铁的劲来伺候菊花、扎大灯笼的，每个分厂和学校都要拿出自己最好的作品进行评比。在被铁与火笼罩的生活中，花与灯成为杭钢人最重要的精神寄托和审美渠道。

▲2010年8月2日，杭钢焦化炉前工作的工人（摄影：阿刚）

杭玻

　　杭州玻璃厂几乎与杭钢同时建厂，它在2011年搬迁至余杭仁和。以前开往良山电厂的12路公交以及前往拱宸桥的29路公交都是以杭玻作为起点站的，坐车的大多是杭钢职工。杭玻的位置太好，位于沈半路与半山路的交叉口，杭钢、杭玻两厂以金昌路为界，杭玻宿舍阔板桥社区就在厂区往东一点的地方。

▲20世纪80年代城北各个大厂的位置

▲2000年，杭州玻璃厂内运行的蒸汽机车（摄影：许志伟）

　　杭玻作为专业的工业材料生产厂家，本来和市民的关系不大，但是生产线上的一种半成品，可以说给杭州的大部分小朋友都留下过深刻记忆，那就是玻璃球，杭州人叫作"玻璃弹子"。对小朋友来说，杭玻就是生产玻璃弹子的奇妙工厂，跟查理的巧克力工厂差不多。住在杭玻周围的小孩子都被警告不能进去玩，因为大人们说厂里空气中都飘浮着看不见的玻璃丝，会把小孩的眼睛弄瞎。

　　这其实也不是一句谎言。原杭玻集团工会干部汪贤耿说，到了20世纪90年代，杭玻厂已经不仅仅生产玻璃，还开始将玻璃丝编织成玻璃纤维布。这是编织袋的重要原料，而这种极细的透明玻璃丝，在织机上穿梭的时候，确实很像飘浮在空中。

　　玻璃弹子其实是杭玻生产玻璃的中间原料，玻璃由矿石高温加工成玻璃珠，然后再加热拉丝成各种玻璃制品。弹珠也分好几类，透明的一类，磨砂的要好一点，深色的酱油弹比较少见，如果中间还有一丝开裂纹类似龙身凤尾

的那就是极品了。

　　小孩子的弹子一般都是废次品，里面有气泡裂痕，影响玻璃成品的质量，所以要拿去回炉，但很多流到孩子们手上当玩具了。可见，孩子们的评价标准和厂里的完全相反，次品才是最好的。

　　玻璃弹子有很多种玩法，比如在泥地上画一个圈，然后在圈的中央做一个小洞，放枚玻璃珠子在里面，用手里的弹珠去"解救"那枚珠子，打出圈子，就算是赢家；然后输的人再放珠子进去，开始新的一轮。这样的游戏可以玩上一天，输赢红了脸、红了眼，爸妈来叫吃饭，他们头也不回。

　　这是杭玻留给一代人最深的记忆。

杭氧

　　杭州制氧机集团有限公司的故事，最早要从军阀混战的年代讲起。1917年，浙江当时的一支军阀部队——陆军一师——在如今的杭州市体育馆对面开了一家军械修理工场。战乱年间，这家修械所几经搬迁，物资匮乏，工人困苦，然因战争不断，修械所规模越发扩大，后更名为浙江省保安队修械厂。

　　直到抗战胜利后，修械所才搬回杭州，于1946年初在鼓楼外中山南路673号安身。为维持生计，修械所开始承接民用机器修造任务，挂起"力余铁工厂"的牌子，万宝龙头、电布机、千斤顶等机械均可修造，可算杭州当时设备最多、技术力量最强的机械厂。

　　1950年8月1日，力余铁工厂与浙江汽车修配厂合并，成立浙江铁工厂，厂房分布在劳动路与中山南路。这一天

被认定为杭氧的建厂纪念日。

新中国成立初，浙江铁工厂的主要生产任务是修理解放战争中损坏的大批步枪、轻重机枪、迫击炮和各种汽车，还为解放"一江山岛"制造过机帆船。首任厂长钱祖恩在1952年国家重工业部于北京召开的全国工矿企业会议上大胆表态："我们可以接受空军用移动式制氧机、充氧车等产品的制造任务。"要知道，在当时，只有美、苏、法、德、日等少数国家能够成套生产，中国不但不会制造，就连应用也屈指可数。1953年1月，浙江铁工厂划归中央第一机械工业部直接领导，8月更名为杭州通用机器厂，从此开始了中国制氧机制造的艰苦创业。

三年后的1956年1月，30立方成套制氧机试制成功，填补了中国制氧机制造业的空白。这是一个伟大的起点，中国制氧机工业从此站立起来。中国乃至亚洲最大的制氧机制造工厂，就诞生在杭州。

1957年，3350制氧机项目在苏联专家帮助下获得成功。1958年，工厂更名为杭州制氧机厂。中央一机部决定重点投资扩建工厂，首次下拨基建投资金额，高达人民币3800万元，并决定在杭州城北艮山门外东新乡的新凉亭征用农田500亩建设新工厂。

原计划科副科长钱樟锡老人对勘察厂址时情形的回忆，现在看起来，是对当年城北最原始的描述：

田秉刚厂长叫我陪他一起去郊区察看厂址，汽车一直往城北开，直到没有了汽车路才停了下来。一打听，这里叫"打铁关"。我们下了车，沿田埂小路往北走。那天下着小雨，路非常泥泞。田厂长穿着一双新皮鞋，深一脚浅一脚往前走，一不小心皮鞋就陷到

▲旧时杭氧厂房内（摄影：章胜贤）

了烂泥里，他干脆脱了皮鞋，赤脚走在田埂上。我拎着田厂长那双沾满泥巴的皮鞋跟在后面。

我们来到一个叫作"新凉亭"的地方，往东望去是一片荒凉的田野，几座茅草屋里住着几户村民。离茅草屋约30米的地方，有一个高出地面、形状奇异的台。从上往下看，中间是一个3米宽、5米长的小台，一圈围着约5米宽、8米长、底部约1米厚的墙；墙与小台之间灌满了水，墙体长满了苔藓。据当地村民说，这个地方当年驻扎着岳家军，这是用来存放炸药的，这样的结构是为了防止炸药意外爆炸殃及周围。再过去还有一块两个篮球场大小、非常平整的空地，据说是岳家军操练的地方。

回去后，田厂长将地形察看情况向省工矿厅作了汇报，再经正式勘察，就将厂址选在了这个叫作"东新乡新凉亭"的地方——就是现在位于东新路388号的厂区。

三年后的1961年3月，杭州制氧机厂迁扩工程完成，建

▲旧时东新路厂房（摄影：章胜贤）

▲ 现在改造后的杭氧（摄影：阿甲）

筑面积近16万平方米的宏伟厂房拔地而起。锃亮的铁轨铺进高大的车间，火车"呜呜"鸣笛，徐徐驶进厂房。杭州制氧机厂成为中国第一个大型空分设备生产基地。

杭炼

杭州炼油厂最早横跨运河两岸，占地200亩，大致位置在现在的杭州大厦D座以及西湖文化广场中的一部分，现在的那座铁桥就是当年厂区的桥。到了20世纪80年代，随着城市的扩张，炼油厂考虑从武林广场撤出。这个庞大的组织在90年代初期，慢慢搬迁到城北平炼路。

新中国成立之后，一直苦于没有自己的大油田，1959年大庆油田的探测发掘成了举国上下的大新闻。汪曾祺回忆道，北京京剧团有个武生闻讯大喜，一脚踹开了京剧团大门：

"以后吃油饼便宜啦！"
"为什么？"
"报上说了，大庆油田出油了！"

此为笑谈，但是大庆油田的发现，影响力之大由此可见一斑。曾经只能生产道路沥青的杭州炼油厂迎来契机，成为杭州第一家炼油企业。高炉高塔应运而生，开始生产柴油和标号为66的汽油。

高炉耸立在运河两岸，大庆油田运来的原油从这里上岸变为汽柴油，应用于交通运输和工业生产。其副产品"白油"也和人们的生活息息相关：化妆品中的润滑剂、医用的凡士林、食品级的润滑油都由"白油"制成，方便面里也有"白油"。

杭炼的原党委副书记金鉴敏当时是杭州炼油厂的工人，经常和同事钻进焦化塔中清焦。那是炼油厂最苦最累的活儿，工人需要顽强的意志来抵御瓦斯的侵袭，需要充足的体能来清理沉积的焦炭。尽管如此，炼油厂依然是十分吸引青年工人的大厂。坊间有顺口溜"找对象，麻纺

▲ 杭州炼油厂地块（摄影：仲元）

厂；要挣钱，炼油厂"，大约是麻纺厂女工众多，而炼油厂收入丰厚的缘故。

最为辉煌的时候，杭州炼油厂共有2000多名工人，柴汽油产量达到亚洲之最。

平炼路上开始燃起火炬。作为炼油的副产品，液化气出现在了炼油厂的产品目录中。大家还记得以前骑着自行车换"煤气"的情形吗？杭州大部分的民用液化气，都是由杭州炼油厂生产的。

这个时候，原来的66号汽油早已被历史淘汰，升级为70号、90号、95号，一直到现在最高的98号汽油。老工人还记得之前用化油器的车辆排气管后冒出的黑烟，随着技术的改进、汽油标号的提高，汽油燃烧得愈发充分，车辆的排放因此越来越干净。

炼油厂搬到平炼路之后，随着工艺的提升，也不需要有人去钻焦化塔了，而是改用水力清焦。一直以来，炼油厂工人都带有特殊的自豪感，他们吃苦耐劳，脸上炭黑斑驳，指甲里是永远洗不干净的墨色。

杭炼搬到平炼路时，工人们种下了几十株法国梧桐。2008年，杭州市政府与中石化签订战略合作协议后，着手启动杭炼整体搬迁改造工程，但是搬迁进程缓慢。直到2017年底，杭州市运河集团与杭州石化（杭州炼油厂）正式签订征收协议，经过前期多轮协商谈判，杭州石化炼油厂于2018年正式搬迁。那些在厂区生活了快三十年的法国梧桐被特意留住了。总得留一些念想，不是吗？

经过高歌猛进的岁月，城北大厂的命运迎来了新的历史转折点。在市场环境和环保压力的双重作用之下，这些重工业企业开始了艰难的转型。浙江省委、省政府决定在2015年底关停杭钢半山钢铁基地。2015年12月23日上午8点，炼铁厂2号高炉铁水放尽，至此，半山钢铁生产线全部顺利关停。其他的大厂也迎来了相似的命运。2016年，杭州召开G20峰会，以此为契机，杭州的城北开始了产业结构调整，大城北"腾笼换鸟"，迁出1000余家传统企业。这是一个痛苦的抉择，以杭钢为例，上万人的命运伴随着基地的关停而被改写。仅用5个月时间，杭钢集团就平稳关停了400万吨产能的半山钢铁基地，1.2万名职工平稳分流。

▲ 平炼路（丽水路—拱康路段）景观大道工程现场图

▲ 平炼路（丽水路—拱康路段）景观大道玻璃栈道现场图

▲ 平炼路（丽水路—拱康路段）景观大道玻璃栈道同角度老照片

大厂在城北的最后一刻，依然为这座城市奉献出了自己的血与骨。

现在，1951年建厂的杭炼只剩守园子的树，1957年建厂的杭钢成了工业旧址，1958年建厂的杭玻不见了，1959年建厂的半山电厂改烧天然气了，百年杭氧也在2009年从杭州市区迁往临安，原址成为工业遗存保护区。一个时代正如《再别康桥》诗里所讲，轻轻地来，轻轻地走，挥挥手，和我们永远地告别了。

所有的消逝，都是在迎接新的重生。

从综保到营城：京杭大运河（杭州段）20年蝶变回望

▲ 京杭大运河三堡船闸段（摄影：肖奕叁）

一位杭州市运河综保中心曾经的负责人清楚地记得，1999年他刚从其他部门调来参与运河截污工作时，历史上的"十里银湖墅"早已不复昔日的繁华。运河两岸，大小工厂夹杂着各类民房，一眼望去混乱又破败。大量工业及生活污水未经处理便直接排入运河，以致每到夏天或雨季，老远就能闻到河里泛起的阵阵恶臭。

1993年2月，杭州市建委成立直属副处级单位杭州市运河（杭州段）截污处理工程建设指挥部，以改善运河水质为目的，实施运河（杭州段）截污处理工程。1999年6月，更名为杭州市运河污染综合整治指挥部。

2000年，杭州市九届人大五次会议作出关于加快运河综合整治的决议；而在两年后召开的杭州市第九次党代会上，"京杭大运河（杭州段）综合整治和保护开发工程"进一步被列为新世纪城市建设的"十大工程"。由此，持续至今的运河综保工作正式拉开序幕。

作为贯穿杭州城区的母亲河，运河杭州段南起三堡船闸，北至塘栖，全长39千米。两岸500～1000米被辟为综保范围，总共78平方千米。当时，鉴于运河严峻的水污染状况，综保工作最初是从截污纳管、治理环境开始的。

经过两年多的努力，运河水质及两岸的公共环境有了

明显改善，综保工作的重心逐渐从水里转到岸上用地的优化、古建遗迹的保护等更广泛的领域。原先的杭州市运河污染综合指挥部也在2003年4月改组为杭州市京杭运河（杭州段）综合整治与保护开发指挥部，同时还成立了杭州市运河综合保护开发建设集团有限责任公司（简称"杭州市运河集团"），实行两块牌子、一套班子。

▲ 京杭大运河（杭州段）综保范围

就这样，当全国还没有意识到大运河保护重要性的时候，杭州就已经在默默地开展对运河的整治、保护、更新、营建工作，并且一干就是30年。京杭大运河，这条曾经为杭州带来过繁华、生机的城市动脉，在经历了沉寂、衰败之后，终于在新世纪焕发出新的勃勃生机。

运河综保
与"杭州宣言"

国家文物局原局长单霁翔曾在《大运河遗产保护》一书中回忆运河保护与申遗的由来："2004年初，在参加南水北调东线工程中文物保护项目的调研时，发现对大运河和沿线文物古迹的保护没有给予应有的重视……""2004年3月，全国政协十届二次会议上，我邀请樊锦诗、安家瑶、刘庆柱、夏燕月、陈漱渝、王洪华、杨力舟等7位委员联名，提交了《关于大运河文化遗产保护亟待加强的提案》……""长城早已作为全国重点文物保护单位跻身于《世界遗产名录》之中，而造福千年的大运河至今仍游荡在文物保护视野外。"

单霁翔等人的奔走呼吁，终于引起了国家层面对于运河保护的重视。2006年5月下旬，全国政协在杭州召开了京杭大运河保护与申遗研讨会，并发表"杭州宣言"。之所以把如此重要的会放在杭州，和之前数年杭州在运河综保方面所做的努力与取得的成绩密切相关。

运河综保指挥部成立后，为了推进运河主城段10千米范围内游步道及桥梁的规划建设，综保同事们一起做了大量关于运河沿线工厂、居民、房屋情况的调查，这些都为后来综保工程的全面开展积累了宝贵的数据。随着"杭州宣言"的发表，大运河正式吹响了申遗的号角。为配合运河申遗，杭州市政府全面加强了综保力度，提出要把运河综保融入申遗工作中。为此，市政府不仅将综保指挥部更名为"杭州市京杭运河（杭州段）综合保护委员会"，还定下了"还河于民""申报世遗""打造世界级旅游产品"等三大目标。

▲老城段保护传承利用：2002—2014年，完成石祥路以南段15.2千米保护；大城北段保护传承利用：2015年至今，石祥路往北延伸至绕城，启动大运河城北段6千米即大运河新城开发

之后的数年间（2006—2012），杭州连续七次推出"新运河"，挖掘、保护、利用了近30万平方米代表城市记忆的历史街区建筑和工业遗存，建成开放了"一馆、两带、两场、三园、六埠、十五桥"系列景观，形成了以大兜路、桥西、小河等三大历史街区，四大文化园区，博物馆群，寺庙庵堂，遗产遗迹，22千米游步道，130万平方米绿化带为重要节点的文化休闲体验长廊。早在2008年，现任浙江外国语学院院长张环宙在《京杭大运河杭州主城核心段旅游实施规划》中提到，"万里长城万里长，今人只记八达岭。杭州大运河，就要做大运河上的八达岭"，因此对于大运河杭州段主城区10千米这段集中运河精华部分的规划和提升，在国内国际战略目标上首先就要对标万里长城的八达岭。"把杭州段打造成大运河上的八达岭"成为杭州运河从保护到利用、从政府到民间的一种广泛共识。

2012年，大运河杭州段成为运河沿线首个4A级景区，曾经拥挤、凌乱、破败的运河焕然一新。

▲京杭大运河（杭州段）文化展示带主要资源点分布

图例：
- 历史街区
- 文保单位
- 博物馆、展览馆
- 历史文化节点

一波三折的
大城北规划变迁

2009年，杭州市城市规划设计研究院的年轻工程师刘欣接到一项任务——参与运河新城的规划。当时的他不会想到，自己的职业生涯从此将与这条河、这座新城深度绑定。在接下来的十几年间，他与项目团队共同进行陪伴式的规划设计服务，包括规划研究、评估反思、优化调整、多方协调、项目落地等一系列工作。

那一年，"新运河"已经完成了第四推，以中国刀剪剑博物馆、中国伞博物馆、中国扇博物馆、大兜路历史街区、香积寺等为看点的"一寺、一厂、三区、三馆、五街、九路"系列重点项目的相继亮相，标志着运河主城段的综保工作渐入尾声。运河综保委于是开始将目光投向了石祥路以北的广阔区域，并在塘栖成立了指挥部分部。

不同于主城段绣花针式的微改造，城北聚集了大量工厂、企业，城市界面更粗犷，保护与建设之间的矛盾也更突出。正当大家思考如何在这片全新的天地里推进综保工作时，杭州上下掀起了一股学习迪拜的风潮，提出要在全市建设20座新城、100个综合体。受此影响，有关方面开始谋划运河新城，想借鉴钱江新城的做法，为城北打造一个新的发展平台，实现拱墅、余杭两区的联动开发。

也是在这个大背景下，一批像刘欣这样的专业城市规划人员开始介入运河两岸的营建。一年后的2010年，运河新城控制性详细规划完成编制并获得批复，法律上已具备立项建设条件。原以为运河营城就此开始，不料却只是一个未完待续的楔子。

▲改造后的大兜路历史文化街区与小河直街历史文化街区（摄影：悠小七）

▲香积寺（摄影：张圣东）

本来，城北开发最初的重点是围绕杭州炼油厂地块展开的。当时市里曾计划将杭炼关停并转，然后在其基础上规划营建运河新城。出于种种原因，杭炼并没有如预期的那样马上搬走。同时，以杭钢为代表的众多工厂企业也如一座座高山，矗立在新城周边；半山电厂的一半厂区就在运河新城，甚至还有五个冷却塔在发挥作用。这些都导致大城北在空间上支离破碎，别说运河新城的整体营建了，就连路网的贯通也因为铁路的切割、大厂的阻隔而难以推进，只能局限在康桥路以北的区域。

到2014年，刘欣牵头对运河新城的建设状况进行回访评估，发现控规批复后这么多年，总共只建了两个安置小区，开发了一个商业住宅项目，实施效率低下，推进速度缓慢。由于配套缺失、交通不便，很多回迁居民深感不满，这让身为新城规划负责人的他感到了深深的不安与无奈。为此，刘欣和同事们也想了一些优化的方案，比如在炼油厂地块周边建个室内游乐项目，或布局大型商场、体育公园，利用半山电厂燃气发电产生的热能为场地供暖。这些过程方案后来随着杭钢半山基地的关停、杭钢片区纳

▲大运河新城核心区范围

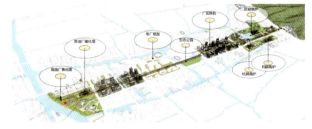

▲一条平炼路，串联起城北三座大厂，从东往西分别是：半山脚下的杭钢、半山电厂和运河畔的杭州炼油厂

▲ 半山发电厂（摄影：许志伟）

入整体规划而被全部推翻，但它们存在过的事实也从侧面印证了营建运河新城的不易。

而与此同时，运河西面勾庄区域的北部新城由于没有大型工厂的影响，板块逐渐成熟起来。不仅4号线、10号线等多条地铁相继动工或开始规划，北部新城还与城西科创、大江东新城一起作为新增的3个城市副中心，被写进

2016年修订的《杭州市城市总体规划》，成为"官方认证"的城北副中心。这对于所有参与运河新城规划营建的人来说，都是一个不小的冲击。

运河新城被抛弃了吗？不，它只是在积蓄势能。2014年6月22日，万里之外的卡塔尔首都多哈传来喜讯：中国大运河项目申遗成功。这为运河新城后来重新夺回城北"C位"埋下了伏笔。这条见证了中国千年沧桑巨变的河流，比谁都更明白一个道理：三十年河东，三十年河西。

营造一座城，太不容易，天时、地利、人和缺一不可，经常有可能停滞，有可能突进。对于营造者来说，最重要的是对城市的认知和理解，如果一出发就是错误的理念，做得越快，伤害就越大，遗憾就越多。坚持长期主义，坚持一张蓝图绘到底，一届接着一届干，才能抵达"必然"的成功。这份历尽艰辛的坚守，则需要经过十年甚至更长的时间来检验。大运河的复兴和两岸区域的激活，城市河流和人民生活的紧密关联，正确处理这些关系就是坚定不移的方向。

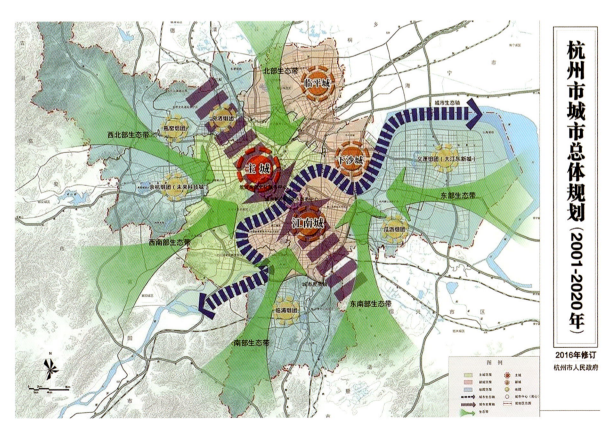

▲《杭州市城市总体规划（2001—2020年）》

大运河新城核心区规划和城市设计

如果说申遗成功使得运河重回城北"C位",那么2016年G20峰会的召开,则帮助其扫清了营城的最后阻碍。

为了确保峰会的顺利召开,浙江省及杭州市大力推进各类工厂及污染企业的搬迁进程。2015年12月22日,屹立城北58年的杭钢半山基地关停。以此为开端,包括杭炼、杭玻等在内的一大批企业陆续迁离,半山电厂开始谋划工业化改造。这为运河新城的重新规划营建腾出了空间,同时也留下了大片厂房仓库和工业设施。

▲杭钢半山基地(摄影:阿刚)

本着应保尽保的原则,在杭州市规划部门和杭州市运河集团等单位的共同努力下,通过编制《大城北核心区工业遗存保护与利用规划》及标志性项目城市设计,明确了大城北工业遗存具体的保护利用方案,最后共计6.5万平方米工业遗存(原杭钢厂区4.7万平方米,原炼油厂区0.74万平方米,运河沿线1.06万平方米)得以保存,其中保护型工业遗存3.69万平方米,适应性工业遗存2.81万平方米。它们和主城段的三大历史街区、四大文化园区、博物馆群

等遥相呼应,诉说着另一段运河往事,成为城北不同于运河其他段以及杭州其他新城的重要特质。

为了加强对大运河世界文化遗产的保护管理,同时更好地建设城北,根据杭州市政府"事企分离,管办分开"的改革精神,2014年底,运河综保委与杭州市运河集团正式分家。

分家后的运河综保委划归杭州市园文局,并设立杭州市京杭运河(杭州段)综合保护中心,具体负责运河的保护、监测、展示、研究。此后几年,杭州市先后制定了《杭州市大运河世界文化遗产保护条例》《杭州市大运河世界文化遗产保护规划》,将运河综保工作推上了法制化轨道。之后规划团队还开展了大城北地区发展行动规划、大城北核心区战略研究等工作,明确了大城北地区的总体定位和发展目标——以运河古邑、活力城北为定位,以两个窗口为目标建设城北城市副中心,为大城北地区的发展明确了方向,即以运河为中心推进各板块联动发展,共建共享。而杭州市运河集团作为市属国企,则负责继续推进运河新城的建设,同时将杭钢板块也纳入规划范围,一个覆盖运河两岸达15.6平方千米的大运河新城呼之欲出。

2018年,杭州市运河集团联合杭州市规划局正式启动了《大运河新城核心区城市设计》的编制工作,并在城市设计报批稿完成后,同步开展大城北核心区工业遗存保护与利用规划等研究工作,开始编制《大运河新城城市设计转译区域控制性详细规划》。由于有上一轮运河新城不太成功的开发经历,对于站位更高、范围更广的大运河新城应该如何规划、打造,各方都非常慎重。

▲大运河新城核心区规划

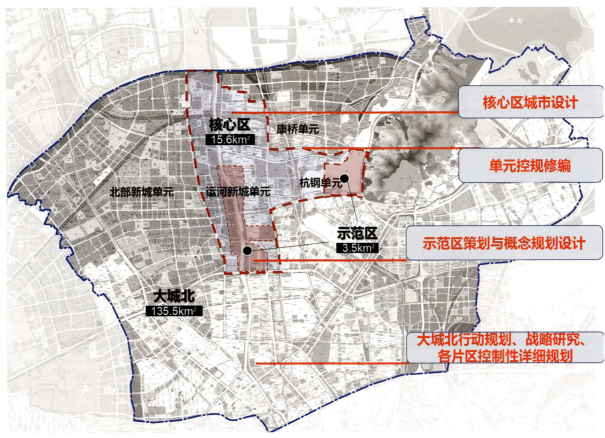

核心区城市设计

单元控规修编

示范区策划与概念规划设计

大城北行动规划、战略研究、各片区控制性详细规划

▲ 大城北规划示意图

首先，城北作为城市副中心，不能缺什么补什么，那样就会流于平庸；其次，城北那么大，建设不能遍地开花，得先打造一个示范区出来，而且应该要有长期规划，不能只顾眼前利益。因此，第一，杭州市运河集团作为杭州市政府直属的从事区域开发的功能性企业，营城一定要处理好城市的增值与企业账面利润之间的关系；第二，要把城市当作一个产品，有自己的市场定位和目标考核；第三，大城北作为城市的区域中心，也应该有自己的SKU（库存单位）、样板产品和升级迭代产品。产业的升级更新和城市区域的更新要有机地结合在一起，产业要和城市共成长。以此为切入点，杭州市运河集团在15.6平方千米核心区范围内划出了一片3.5平方千米的示范区，内部组建了专业团队，并请来世界级设计公司荷兰MVRDV建筑规划事务所和擅长艺文内容策划的北京天安时间当代艺术中心团队，和杭州市运河集团一起先做示范区的策划，再考虑规划和城市设计，为项目高品质打造奠定了坚实的基础。

不同于上一版规划中运河边布局的都是商业、办公、娱乐、医疗等常规城市功能，新方案的整体思路是：保留现有工业遗存，转化为文化艺术空间；提供近人尺度的街区，同时结合标志性建筑成为地标；凸显自然、艺术和城市空间三个要素。新方案不仅弥补了旧版运河新城留下的一些遗憾，比如运河边没有遗产公园，其新规划的十大重点标杆项目更是让人眼前一亮。未来的城北，将是一处充满各种文旅休闲的地标场所，更是杭州人喜爱的美好生活示范地。

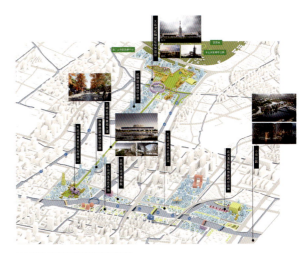

▲ 大城北示范区概念性规划示意图

大运河新城
营建历程

对于运河综保、大运河新城营建来说，2019年是个不平凡的年份。2月，中共中央办公厅、国务院办公厅印发了《大运河文化保护传承利用规划纲要》；7月，中央全面深化改革委员会第九次会议审议通过了《长城、大运河、长征国家文化公园建设方案》，为"后申遗时代"大运河保护传承利用指明了方向。

2020年3—4月，《杭州市运河新城单元控规（2020版）》《杭州市康桥单元控规（2020版）》《杭州市运河杭钢单元控规（2020版）》等单元控规陆续获得杭州市政府批复，运河新城历经十年铺垫，终于从规划阶段转到实质建设阶段。

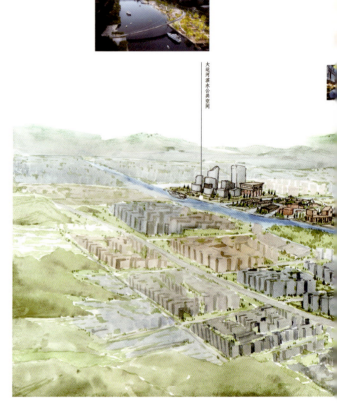

▲大城北示范区概念性规划示意图

▲小河公园概念图©隈研吾建筑都市设计事务所

根据中央关于"到2023年底大运河国家文化公园基本建成"的要求，杭州市运河集团制定了详细的工作时间表，整个大运河新城的营建被细分为三步。

第一步，到2022年9月前，大城北中央景观大道、小河公园两大标志性项目建成，大运河国家文化公园建设实现重要突破；大城北地区基础设施明显提升，人居环境日益提高，生态环境持续改善，大城北示范区建设初具雏形。

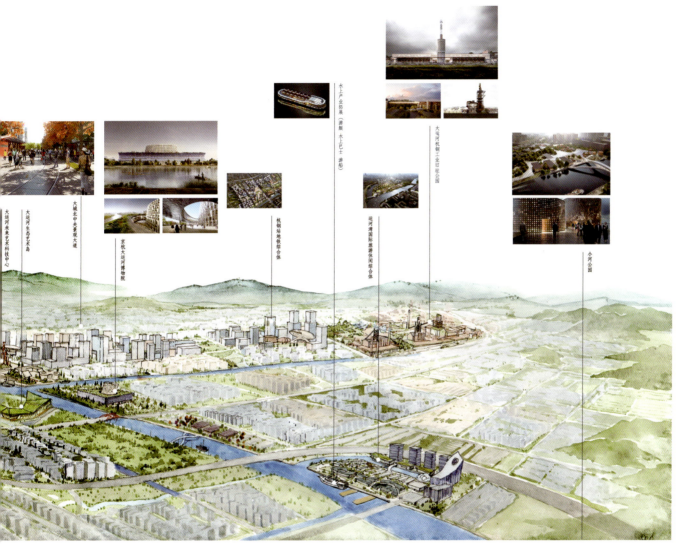

水上产业拓展（游艇 水上巴士 游船）

大瑞河杭钢工业旧址公园

大运河未来艺术科技中心

大运河生态艺术岛

大城北中央景观大道

京杭大运河博物院

杭钢站地铁综合体

运河湾国际旅游休闲综合体

小河公园

▲ 大城北中央景观大道概念图©北京市建筑设计研究院有限公司朱小地工作室

▲杭钢旧址公园2、3号高炉改造效果图©成都市家琨建筑设计事务所

▲杭钢旧址公园概念图©TLS景观设计事务所

第二步，到2023年，大运河滨水公共空间、杭钢旧址公园一期全面建成，基本完成大运河国家文化公园建设，成为中国大运河文化保护传承利用和国家文化公园建设的样板；大城北示范区基础设施、生态环境、公共服务等配套设施基本建成，运河文化不断彰显，区域竞争力和辐射力有效增强。

第三步，到2025年"十四五"规划结束时，京杭大运河博物院、大运河未来艺术科技中心建成运营，全面完成大运河文化带和大运河国家文化公园建设，打造展示中国

DEVELOPMENT HISTORY

发展历程

1993
1993年2月，杭州市建委成立直属副处级单位杭州市运河（杭州段）截污处理工程建设指挥部，以改善运河水质为目的，实施运河（杭州段）截污处理工程。

1999
1999年6月，杭州市运河（杭州段）截污处理工程建设指挥部更名为杭州市运河污染综合整治指挥部。

2000
2000年1月，杭州市九届人大五次会议作出了《关于加快运河综合整治的决议》，决定对运河（杭州段）进行综合整治。

2002
2002年2月，杭州市第九次党代会把运河（杭州段）综合整治与保护开发列为城市建设"十大工程"之一。

2003
2003年4月，成立杭州市京杭运河（杭州段）综合整治和保护开发指挥部、杭州市运河综合保护开发建设集团有限责任公司，实行"两块牌子、一套班子"。

2006
2006年至2012年，京杭大运河杭州段连续七次推出"新运河"。

2006年12月31日，时任浙江省委书记习近平同志乘坐杭州市运河集团的水上巴士西湖号考察运河杭州段。

续运河文脉　树城市标杆

文明影响力、凝聚力、感召力的重要窗口；基本全面完成大城北规划和建设，打造展示我国城市有机更新成果的重要窗口。

可以想见，从现在起到2025年，整个城北将呈现一派繁忙的营建景象，曾经模糊的城市界面势必"一年一个样，三年大变样"。更重要的是，那些因为运河新城进展缓慢而一度牢骚满腹的居民，如今又重新燃起了希望，而这正是无数人为之努力和奋斗的结果。

回望过去，大运河从综保到营城的过程并非扬弃，而是深化。无论是早年对于运河水污染及两岸环境的整治，还是如今城北的新城谋划，目的都是实现习近平总书记2019年调研上海杨浦滨江时所叮嘱的人民城市理念。对于世代生活在运河旁的杭州人来说，"城市，让生活更美好"从来不是也不该是一句空话。

2020

2020年1月，京杭大运河博物院、大运河滨水公共空间、大城北中央景观大道、大运河杭钢工业旧址综保项目、大运河未来艺术科技中心、大运河生态艺术岛等六个项目组成的"大运河世界文化遗产公园"，作为浙江省唯一项目列入国家文化公园标志性工程清单。

2020年12月31日，大运河国家文化公园杭州项目群全面开工。

2019

2019年1月，市委十二届六次全体（扩大）会议提出"高标准推进大城北区块建设，成为展示我国城市有机更新成果的重要窗口"，"加快大运河文化带规划建设，成为展示中华文明影响力凝聚力感召力的重要窗口"。

2019年2月，中共中央办公厅、国务院办公厅印发《大运河文化保护传承利用规划纲要》。杭州市委、市政府召开大城北地区规划建设推进大会，要求在大城北核心区首先推出示范区建设。

2019年4月，省委主要领导在大运河（浙江）文化保护传承利用规划编制工作情况汇报会上提出"把杭州段打造成中国大运河文化核心展示区，力争使杭州段在大运河文化带中的地位达到八达岭在长城中的地位一样。

2019年12月，中共中央办公厅、国务院办公厅印发《长城、大运河、长征国家文化公园建设方案》。

2022

2022年6月，迎亚运大运河（杭州段）水岸互动文旅融合提升工程完工，桥西历史文化街区、小河直街历史文化街区、大兜路历史文化街区三大历史文化街区焕新颜。

2022年10月，大运河国家文化公园（杭州段）标志性项目之一的小河公园建成开放，成为运河新地标，主城区三堡船闸至留石快速路两岸30.4千米运道全线贯通。同时，武林门码头改造提升工程西侧文化公园和水域部分率先完工，恢复客船运营。

2022年10月，交通运输部公布"打造国内水路旅游客运精品航线试点单位及试点内容"，位于杭州千年古运河上的"品味宋韵——运河钱塘江联游"航线及"拱宸邀月号"等船舶，共同作为杭州市唯一精品航线项目入选。

2023

2023年3月，杭州大运河历史文化街园区（桥西、小河直街、大兜路）成功获评第二批"国家级旅游休闲街区"殊荣，该荣誉由文化和旅游部官方发起认定，是目前国内综合性、专业性、权威性较高的街区类荣誉。

2014

2014年6月22日，中国大运河成功入选世界文化遗产名录，杭州段运河综保工程发挥了关键作用。

2014年底，杭州市运河集团为市政府直属国有企业，纳入市国资委监管体系。

2021

2021年5月28日，大运河国家文化公园建设现场会暨第三次文化保护传承利用工作省部际联席会议在杭召开。

2021年7月，京杭大运河博物院、大运河杭钢工业旧址综保等两个文化标志性项目和京杭对话系列活动等五个文化品牌活动纳入国家发改委印发的《大运河文化保护传承利用"十四五"实施方案》重点项目。

2018

2018年，杭州市运河集团进入新一轮发展背景下的战略实施周期，重点推进大城北示范区的规划建设，发展文化、商贸、旅游相融合的现代服务业，逐步实现从建设类主体为主向复合建设经营类主体转变。

如何营造一座新城

街巷的尺度

如果你曾在20世纪七八十年代的杭州生活过，那你记忆中的这座城，可能与如今所见大不相同。90年代前出生的杭州人，除了西湖山水的童年记忆，内心深处还印刻着一种生活画面，而它属于街巷里弄。

一个老杭州人，从小在城隍山脚下鼓楼边长大，他的家位于这座城市的心脏地带、8路公交车的终点站附近，一家人在这里住了将近一百年。儿时的他在西湖边晒太阳，在大井巷的弄堂蹿进蹿出，河流是随时可以抵达和接近的地方。

▲大井巷内的上山道（摄影：章胜贤）

▲中东河旧影（摄影：章胜贤）

▲吴山脚下方井弄改造前后，这里有老杭州曾经熟悉的井弄生活（摄影：阮晓）　　　　▲大马弄改造前后，老墙门及街巷构造都被保留了下来（摄影：阮晓）

"老底子做东西慢，所以很多事情他们想得蛮透的，形成的格局是很自然的。小时候随时随地可以下到河边打水漂。从河水、岸道、河埠头，到街坊，再到外面的马路之间，这种天然的关系和格局，尺度宜人，如今却几乎被破坏殆尽；亲水河道没了，中东河两岸硬化，望仙桥、南通江桥被石板铺平了，房子也走了形；街巷里弄、河道桥梁与市民生活间的亲密关系消失了。"

旧时生活带给他的情感非常浓烈，西湖还在，山水还在，一座老城的生活面貌却慢慢消逝。

几十年后，当意大利罗马大学建筑学院院长卢乔·巴尔贝拉（Lucio Barbera）在聆听杭州相关人士介绍有关杭州南宋皇城遗址保护项目时，这个西西里人并未多言，只是邀请大家实地考察意大利人如何保护文物。

类似的情况，在请教建筑师大卫·奇普菲尔德（David Chipperfield）时也发生了。花费十年修缮的德国博物馆岛，其总体规划及新博物馆建筑设计，是这位英国建筑师最出名的作品之一。在此之前，博物馆岛已在二战里损毁了70%以上。

大卫说话简洁，他不赞成遗址做"假工程"。在修缮博物馆岛时，他通过化学制品研制，将炮弹、航空机枪子弹造成的战争痕迹近乎完美地保留在修复后的柏林博物馆岛的新博物馆中。这样的技术，远比用隔绝的玻璃保护来得更加真实，也更能与人贴近。

修缮，并非将历史细节一一拷贝，而是复原旧时的建筑格局和框架，并尽其可能地寻找当年被炸碎的残料，用在博物馆岛的修缮工程里——别总想着用拆除、抹平、替换的方式"解决"问题，要做的是添加、转换和重用。

东京在二战时几乎被夷为平地，可人们在欣赏东京时，并不会以为自己走入了一座新城，仍然能感知这个历史名城的岁月痕迹。为什么？很简单，它把城市街巷里弄的格局特别是肌理和尺度保留下来了。类似的，国内的苏州、上海都是如此。大卫的核心观点就是，一座历史名城的格局相当于一个人的骨骼肌理。血肉没了，只要骨骼还在，肌理还在，就可以把一座城的神韵恢复；相对地，一个孤零零的老房子放在那里，就像骨骼没了，剩下一块肉，又有什么看头。

对历史文化名城的综合保护理念，在兼收并蓄、博采众长的基础上，被运用在大运河新城的营造中。

▲ 德国博物馆岛

老城段生活
人文之美

2021年1月16日，杭州市运河集团组织召开了京杭大运河（杭州段）保护传承利用专家研讨会。16位高端智库、高校学者、资深媒体等专家与会，以便集思广益。

在专家评审会上，一位曾经的杭州市运河集团负责人讲起过往十多年运河综保工程中的遗憾——一直把运河的发展局限于"一条带"，即就河论

▲京杭大运河（杭州段）保护传承利用专家研讨会专家合影

河，只是针对河的两侧，没有更大的空间纵深和规划视野，难成规模，难成格局。加之没有"湾区"的概念和业态的支撑，这条河仅仅就是休闲、健身的通道，打造一个

▲京杭大运河（杭州段）（图自《迎亚运大运河水岸互动文旅融合行动规划》

世界级的旅游产品几乎不可能。要改变这样捉襟见肘的局面，就要成片成网地保留运河两岸的城市肌理。

京杭大运河（杭州段）以绕城高速为界，呈现了丰富多元的自然生态风貌和城市人文风貌。城市人文段分为北段（大城北核心区）的未来艺文活力区、中段（拱墅区老城段）的运河文化和市井风貌集中展示区以及南段（原下城、江干段）的现代商贸集中展示区。

在过去近20年里，石祥桥以南的老城段运河15.2千米范围内，刻印着上一代守河人的心血。

运河文化展示带中的三大历史街区并未过度商业化，市井生活展示带始终充满杭州烟火气。黄昏时分，在桥西随便逛逛，穿汉服的有，穿职业装的有，赤膊荡来荡去的也有，出没着大量本地居民。一个地方特殊的风情和味道，首先源于本地居民的气息。如果一个地方纯粹只有外地人游赏，那往往是轻浮的，是与这座城市不切肤相关的。而本地人爱去、常去，又能带动外地人的地方，往往不错，最典型的是上海。

▲华灯初上的桥西历史文化街区（摄影：杨侠）

对于老城段的传承和保护，杭州市运河集团逐渐形成了具体的原则和规律：第一，不能有大变，动作要精、轻、小；第二，任何景观界面都要成为一道风景线，包括沿街立面、店铺、弄堂、河埠头；第三，店铺要有杭州味道。

店铺最好是杭州本土品牌，或是本地人开的；如果这两个都不是，至少雇佣的服务员得有杭州人。这样的招商政策温和而坚定。"我们要有传宗接代的事业心。放眼50年，甚至100年，我相信利润不会差。这是短期利润和长期

利润的关系，民营企业可能做不到的事，国有企业应该做到，这也是杭州市运河集团的优势。"

宁可牺牲点利润，也不要过度商业化。对运河老城区遗产段的态度，杭州市运河集团慎之又慎："上一代守河人用他们时代的审美和他们所相信的最好的理念规划来保护这条河。成也好败也好，历史烙印已经形成。"

所以后续者，对于过去明显错的要纠正，可动可不动的则坚决不动，动了就要确保万无一失，比如绿色休闲景观带："运河最漂亮的地方，应该是街巷里弄到河岸间的视觉通道。男男女女一到夜里，就在河边席地而坐，喝酒闲谈——想到河岸，都是浪漫的场景。再也不能尽是空调外机、标识标牌，挂两句口号，有时还堆满垃圾。"

有这样的认知后，在"迎亚运大运河水岸互动文旅融合行动"规划中，杭州市运河集团对大兜路历史文化街区、小河历史文化街区、桥西历史文化街区以及运河天地园区等历史街园区，以保留性、本土性、生态性为设计基本原则，以游客互动为导向，精准谋划各大街区核心定位，合理规划街巷空间，从小切口入手提升街景氛围，收纳裸露管线，破损设施修缮。"凡是杭州市运河集团产权的房子，河岸这些不合时宜的、有碍观瞻的现象，坚决处理掉。"通过"腾笼换鸟"业态更新，"建筑景观、文化呈现、夜景亮化、水上产品"四位一体的拳头产品，为市民和游客提供了一个深度融合城市生活、"小而精"、"精而美"的运河景区。

坚持以人为本的城市建设理念，坚持长期主义，坚持细节为王，这是杭州市运河集团十大理念中的其中三个，它们无一不体现在老城段核心段的传承和保护中。

城市有机更新的探索

城市有机更新一般发生在老城区，它受制条件比较多，且抛弃大拆大建的理念，在城市更新中保存城市文脉和城市记忆，尊重城市风貌，这需要在文化、生态、社会和经济之间找到和谐的平衡点和可持续的规律。人们进入城市，见到的不是千篇一律的建筑物集合，而是属于这座城市的独特风格，是保留了城市遗传基因的空间集合。这是城市价值的一部分。

西溪天堂的三次跃升

2005年，西班牙巴塞罗那。来自杭州的一个考察团拜访了当地的城市规划研究院，接待他们的是当时在浙江大学任教的台湾建筑师后德仟。他们在参观城市后，深切理解了艺术造城的魅力，但在那些看似极其写意、充满想象力的艺术创作背后的依据，却是极具理性、强调实践性的项目全生命周期模型。

无论事业还是企业运作，哪怕建造一条路、一座桥，乃至一个酒店、一个博物馆，其实都有三步棋——规划、建设、运营。从前期投入、建设资金，到每年的产出和运营管理费，它们用实打实的现金流量表，形成一个40年的财务估算。

前期策划首先要确定市场定位，确定目标客户人群，然后再对产品进行符合未来的规划和创意的打磨。

前期的策划、后端的运营，是项目全生命周期里最难的部分。最典型的综合体之父——日本六本木都城，建设花了4年，但前期工作却做了十几年。"有钱造个房子还不容易吗？难在这房子为谁而造，房子造好之后什么时候、怎么样用得更好。"

▲从空中俯瞰西溪天堂（摄影：停香）

西溪天堂前期的策划、后端的运营，也是项目全生命周期里最难的部分，规划方案曾经历了9次重大修改和调整。

西溪天堂国际旅游综合体位于西溪国家湿地公园东南角，总建筑面积约为30万平方米，由一馆（中国湿地博物馆）、一街（精品商业街）、一中心（旅游集散中心）、六酒店（悦榕庄酒店、喜来登酒店、西轩酒店、悦椿酒店、布鲁克酒店、国际青年旅舍）组成。西溪天堂在规划设计中有过三次飞跃，从一个公交车停车场到杭州旅游集散中心和旅游服务中心，最后变成城市旅游综合体，其中凝聚了中西方的智慧，显示了城市的未来视野。

"城市旅游综合体"，当年不仅在杭州，甚至在全国，都是一个相当超前的概念。在2004年以前的规划中，这个位置原本是一个公交车停车场。项目方在接手后，不断优化提升，最初构想了集旅游集散、旅游咨询、旅游换乘三位一体的杭州旅游集散中心，还首创了自驾到集散中心再免费换乘的形式，在全国引起了很大的反响。

但仅仅如此还不够。在这个极好的区块位置上，只有集散中心的单一属性，实属空间浪费。于是，项目方在集散功能的基础之上，决定整合酒店、会议、商业、旅游、码头等更为丰富的功能，形成西溪旅游服务中心。

在实现这一规划的过程中，杭州市委、市政府不断提出对项目的更高要求，在多次论证并参考国外的旅游综合体项目后，赋予了这个项目更为丰富和准确的定位——打造以实现城市旅游集散中心为功能目标和以延续西溪历史文脉为文化目标的城市综合体。

西溪天堂的第一个项目，是由建筑师矶崎新所设计的

中国湿地博物馆。项目方负责人曾回忆道："第一次与矶崎新见面时，他手里拿着两本明代张岱的散文，一本是《西湖梦寻》，一本是《陶庵梦忆》。"这给他留下了非常深刻的印象，后来经过慢慢交流，发现双方在对杭州的理解上有很多共同点。

最终，矶崎新打败了马里奥·博塔（Mario Botta）和哈韦尔·皮奥兹（Havier Pioz），成功赢得了国际竞标。中国湿地博物馆以"绿丘"为主形象，几乎将整个博物馆都埋在绿植覆盖的山丘里。登上地标型园塔，可俯瞰西溪湿地全景。

作为湿地与城市融合联结的重要节点，西溪天堂的项

▲中国湿地博物馆

▲悦榕庄酒店

▲西轩酒店

▲西溪喜来登（摄影：Ian F. Gibb）

▲夜色中的西溪湿地与西溪天堂（摄影：停香）

目对国际建筑大师们也产生了巨大的吸引力，并激起了他们强烈的创作欲。世界仿生建筑学权威哈韦尔·皮奥兹曾开玩笑说，只要能让他在这里做个项目，不给设计费他也愿意。

有感于设计大师们的才情和项目多样的设计需求，杭州又开辟了"国际俱乐部"的5个小项目，把国际大师们都留了下来。最终，马里奥·博塔、斯蒂文·霍尔（Steven Holl）、大卫·奇普菲尔德、哈韦尔·皮奥兹等多位世界级建筑大师都参与了设计。

2009年，西溪天堂一期正式开放，引入杭州西溪悦榕庄、杭州西溪喜来登、杭州西溪悦椿等国际高端城市度假型酒店，共同形成了"酒店集群"；而在酒店集群的东南方向区域，错落分布着月牙形商业街，囊括了美食、购物、玩乐等多种商业业态。至此，国际旅游综合体逐渐成型。

从杭氧、杭锅老厂房升起的"城市之星"

上塘河是大运河的重要支流。2022年，11.5千米的上塘河绿道进行改造提升，按"千年上塘，古景新绘"的特色打造，绿道变得更明媚开朗，更有文化内涵。

上塘河两岸和大运河两岸一样，也曾经有重要的工厂——杭锅和杭氧。

与上塘河平行的东新路—建国路是一条城市纵贯线，

它从南往北，一路穿过武林商圈，穿过运河，缔造了上塘河畔的城市繁华——杭锅和杭氧在它的两岸有机更新。

1958年，杭氧和杭锅两大工厂正式建成投产。杭氧当时是亚洲最大的制氧机制造厂，厂区里都有铁路专用线。杭氧曾制造了中国第一套麻纺机、专业化批量生产成套制氧机；厂里铸铜技术一流，铸造过毛主席铜像，重铸过因战乱沉寂百年的南屏晚钟，甚至还帮灵隐寺造过100个罗汉像……而杭锅有一个亚洲最大的单体厂房，所生产的锅炉、压力容器长年销往全国及周边国家。在过去的很长一段时间里，杭氧、杭锅都是杭州城市工业的"金名片"。

巅峰时期的杭氧、杭锅，其产值几乎占据杭州经济的半壁江山。清晨，上千人骑着自行车往来两大厂区，上演着"自行车王国"奇遇……不夸张地说，当年的大厂可能影响了一代杭州人的婚恋态度，他们对杭锅、杭氧这种自成一体的工厂社会充满了巨大的憧憬，大厂人都是"香饽饽"，无论收入还是社会地位都让人艳羡。大厂为杭州留下了时代的最强音，也留下了巨大体量的物理空间。

时间，是人力无法逆转的浪潮。2008年，杭氧开始搬迁，并于2009年迁入临安；2013年5月，杭锅正式搬迁，成为最后一个搬离市中心的大型工业企业。至此，一个工业辉煌时代宣告终结。

2009年，杭州市委、市政府提出要依托杭氧、杭锅老厂房打造国际城市博览中心及国际文化旅游综合体，并邀请了三位世界顶级大师及其建筑事务所参与方案设计，"城市

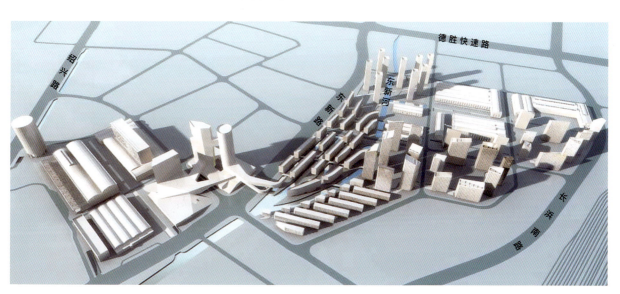

▲"城市之星"全区鸟瞰图

之星"概念出炉。2010年，杭氧、杭锅区块土地征收工作正式启动；至2016年，杭氧片区的土地拆迁补偿全面完成。

2010年2月7日，杭州市杭氧、杭锅老厂房保护利用工作领导小组在杭氧、杭锅地块国际旅游综合体总体规划及建筑概念设计方案征集专家评审会上提出了三点重要意见。

第一个意见，杭州面积最大、品质最高的杭氧、杭锅工业遗产将会得到最好的保护。杭锅、杭氧将探索工业遗产保护创造新的模式、新的典范，也将为杭州600多平方千米的老城区留住过去100年工业时代的记忆创造条件。

第二个意见，杭州又将诞生一个世界级旅游产品。杭氧、杭锅地块国际旅游综合体设计方案的确定，将为杭州打造具有竞争力的国际旅游综合体奠定扎实基础。

第三个意见，杭州还将诞生一个"城市有机更新"样板和典范。有机更新保护城市"生命信息"，传承城市"遗传密码"，彰显城市个性和特色，使杭州这座古老城市生命不息、青春永驻。

"工厂可以搬迁，工业文明的根脉不能搬。"这几乎成为一代人的杭州理想。

杭锅、杭氧自此灿然焕新，"城市之星"向着"永不落幕的世博会"奔赴。"城市之星"是集艺术、影视、游乐、健身、美食、购物、会展、酒店于一体的国际旅游综合体，描绘未来理想城市及理想杭州模型，彰显"城市，让生活更美好"的理念。这片曾经缠绕着桑麻的土地，再一次迎来最初的柔软，四面八方汇聚而来的人们，又四散在旧工厂演变而来的演艺中心、博物馆和影剧院。这里向人们传递着历史与未来、科技与创新、艺术与时尚。

杭氧、杭锅地块的设计师分别来自赫尔佐格和德默隆事务所（HDM）、斯蒂文·霍尔建筑事务所(SHA)、戴卫奇普菲尔德建筑事务所（DCA）。其中，赫尔佐格和德默隆事务所曾在2001年获建筑界的诺贝尔奖——普利兹克建筑奖，奥运会场馆"鸟巢"就出自他们之手。斯蒂文·霍尔曾被《时代》杂志誉为美国最优秀的建筑师，他的作品被誉为能"同时满足心灵和眼睛的建筑"，他

项目主要经济技术指标

名称	单位	
总用地面积	平方米	352076
总建筑面积	平方米	1116694
地上建筑面积	平方米	612673
地下建筑面积	平方米	504021
容积率		1.7
机动车停车位	辆	5600
非机动车停车位	辆	23370

01 当代建筑博物馆　11 写字楼
02 国际城市博物馆　12 电影院
3a 设计博物馆　13 三地公园(商业/酒店)
3b 时尚博物馆　14 山之塔 (写字楼)
04 游客中心　15 水之塔 (公寓)
05 市集　16 延展水巷 (商业/住宅/办公)
06 创意工坊　17 湖心灯塔 (住宅)
07 商业　18 人才公寓
08 剧院　19 博物馆新建(办公)
09 杭州美术馆　20 出让地块(住宅)
10 城市度假酒店

▲杭锅、杭氧地块总平面图

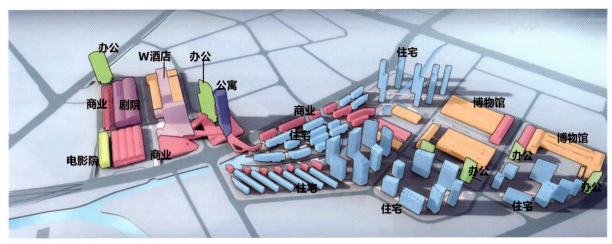

▲功能业态分区图

具有独一无二的设计敏感。中国深圳的万科中心、北京当代MOMA、丹麦海宁当代艺术博物馆和在国际上普遍获得好评的堪萨斯城尼尔森-阿特金斯艺术博物馆都是他的代表作品。戴卫奇普菲尔德建筑事务所对于杭州人来说比较熟悉了，该所设计的良渚博物院一诞生就受到各界好评，该所在杭州的作品还有九树公寓、西溪天堂·悦庄。另外上海的西岸美术馆、英国的河流与划船博物馆、柏林新博物馆、英国BBC苏格兰总部、特纳当代美术馆都是该所的代表作。

三家世界顶尖事务所共同参与蝴蝶状"城市之星"的设计，赫尔佐格和德默隆事务所拿下了杭氧厂区的博物馆集群设计，戴卫奇普菲尔德建筑事务所担纲杭锅区块老厂房的焕新，斯蒂文·霍尔建筑事务所则负责两个厂区之间

的新建地块的设计，并使三个地块融为一个整体。他们将通过新老建筑间、传统与现代间的对话，沿东新路形成和平会展中心—杭锅厂区—山之塔和水之塔—延展水巷—湖心灯塔—杭氧厂区景观序列，为杭州市带来一个耳目一新的工业遗产保护样本。

随着土地征收任务"清零"，2016年成为"城市之星"的建设元年。

地块内有9幢工业遗存建筑（杭氧6幢，杭锅3幢），包括由1号厂房改建的当代建筑博物馆，由2号厂房改建的国际城市博物馆，由3a号厂房改建的设计博物馆，由3b号厂房改建的时尚博物馆，由4号厂房改建的游客中心，由5号厂房改建的集市，由6号厂房改建的艺术家工作室，由7

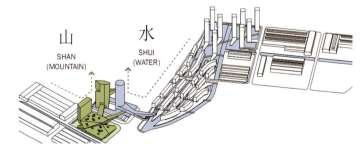

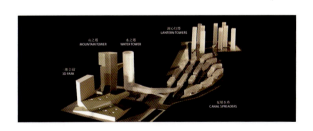

▲杭锅、杭氧总体概念设计方案图

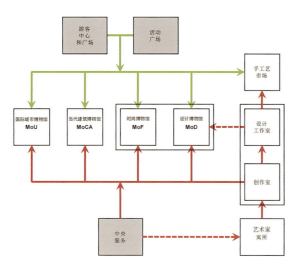

▲杭氧厂区博物馆群关系分析框图

▲东新河改道前后地块分布示意图

号厂房改建的商业区，由8号厂房改建的剧院及由9号厂房改建的酒店和杭州美术馆。新建部分包括精装修公寓、延展水巷、商业酒店式公寓、SOHO、公共服务设施等。

比起大刀阔斧地拆旧建新，杭州在工业遗存的处理上要温和得多，开发中遵循历史保护建筑"应保尽保""修旧如旧"的要求，秉持真实性和"最小干预"的原则，小心翼翼地对老厂房进行修缮加固，力求还原老厂房建筑和空间的原有风貌和气质，其主要设计内容有以下几点。

第一，保留杭锅厂区内待拆厂房的红砖、废弃的工业构件等，以确保在后续设计中作为不可复制和再生的资源加以利用。考虑到零碎材料拆除消耗成本太大、保险系数不高，将作整幢保留。

第二，地铁5号线将沿东新路穿越该地块，在东新路与潮王路交叉口设置地铁站，与各个地下空间连通，串联起杭锅、杭氧的点对点地下联系。

第三，主要建筑形态呈蝴蝶形，两座塔楼垂直交会，一座流向杭氧原址，另一座流向杭锅原址。

第四，将流经杭氧老厂区的东新河往东侧优化调整，让河道和地块更加工整，让新开发地块与杭氧老厂区合理分割，该做法使让项目可出让土地面积从58.5亩增加到109.3亩，土地收入增加数十亿元。

"城市之星"的有机更新，重点是博物馆群的呈现和艺术创造生活的展现，它们以相互关联的策划方案展示城市历史以及城市对人类生活各方面产生的影响，以全天候开放的体验性展示，吸引更多的市民参与其中。它们将为周边提供强大的空间赋能，成为创意产业的中央熔炉，促进城市创意产业的发展。按总体规划来看，杭氧区块将重点打造博物馆群，杭锅区块则更侧重于打造拥有一系列多元文化和娱乐休闲设施的活动场所，以城市文化艺术为核心，结合城市度假酒店和精品商业，展示高品质和前卫的城市生活方式，成为多姿多彩的城市生活目的地。

以下是几个重要的博物馆规划设计。

当代建筑博物馆

当代建筑博物馆将陈列现代最重要的建筑成就以及21世纪最具创新性、最有想象力的建筑发展案例。展览将通过模型的建造，探索伟大的建筑和楼宇（如大教堂、摩天大厦、机场、城市公园等）对人们的日常生活和未来的影响，并通过专题展馆的展示，分析建筑的空间、材料、结构等细节问题，讨论建筑如何解决城市化带给城市及其居民的问题，可以成为建筑师们的打卡胜地。

▲当代建筑博物馆概念图

国际城市博物馆

国际城市博物馆将作为博物馆群的核心，成为介绍古今中外城市发展实践、传播城市化发展理念的大众讲坛。国际城市博物馆通过城市足迹、城市生活、城市发展、城市挑战、名城荟萃、人间天堂等展馆，展现有史以来伟大城市的发展、城市文化和典型的城市生活。展览将以典型城市为案例，从城市的历史、发展、生活等具体方面，向观众展示不同城市的风貌，并帮助观众理解城市的内涵，体现"城市，让生活更美好"的本质需求。同时，对于现代城市所面临的各种问题以及大众关注的焦点，展览将记录世界各地在特定问题上的各种解决方案和技术创新，将世界各地潜在的解决方法带给参观者，并鼓励观众的参与和思考。

▲国际城市博物馆概念图

设计博物馆

设计博物馆旨在成为中国和国际当代设计的示范场馆。博物馆将与红点机构合作，举办红点奖项，向观众介绍世界顶尖的设计产品，探索设计如何嵌入并塑造了城市文化并对生活在其中的人们产生影响。

设计博物馆将设临时展览、流动展览（如红点设计奖获奖作品展览）和永久收藏展览。策展项目将非常广泛，涉及日常生活的各个方面，除了产品设计，还将包括室内设计、软件和新技术的设计、平面设计，以及工业设计等。同时，设计博物馆将充分利用有高大空间的工业厂房，举办汽车设计和航空设计等模型的展览。设计博物馆将以工艺展示的方式让参观者重新接触古老的制作技艺，同时通过传统制作方式与现代制作方式的对比，使古老的技术得到保存，并激发设计的创新思维。

▲时尚博物馆概念图

时尚博物馆

时尚博物馆将展示时尚的个性化表达，探讨时尚与当代城市文化之间的联系，并引导观众思索"什么是时尚"和"为什么这符合时尚趋势"。展览将会展现时尚装扮如何表现个体，以及这样的表现如何与当代城市文化共生。通过时装、布料、图纸、模型等收藏品的展示，观众将得以近距离观察和接触时装产生的过程；同时，通过时装展台，观众能够动态地欣赏服装和穿着服装的人。

作为四个主要博物馆的补充，将会有两个额外的专用于当代艺术的博物馆和展馆：杭州美术馆和杭州青年艺术展馆。

杭州美术馆

杭州美术馆将是中国首个专门致力于近现代艺文研究、展示和传播的艺术博物馆。它将以探索如何贯通东西方艺术、哲学和文化，引领思想变迁，发展中国新文化为主旨，一举摆脱传统地方美术馆受限于地域资源和属性的尴尬，成为以超越艺术领域的文化平台形象、整合长三角地区艺文资源的旗舰艺术博物馆。潘天寿、吴昌硕、黄宾虹、林风眠、吴冠中以及其他与杭州有关的重要或有特色的艺术家的作品是美术馆展览项目的核心。

▲杭州美术馆裙楼

杭州美术馆计划建造一个新艺术裙楼，称作"当代生活艺术中心""公众的当代艺术"。艺术中心策划的焦点将是集中展示全球包括与杭州相关的当代艺术和文学；与此同时，当代艺术展览还将与杭州乃至全球顶级设计和生活零售店完美融合。概念零售区域将展示高端的手工艺品，包括时尚手工设计品、先锋设计师作品、前卫家具、艺术书籍、当代艺术装饰品，以及店内研发和制作的全球美食。

当代生活艺术中心将会成为当代生活艺术展示空间，同时这个品牌更创造了一种跨界的零售消费体验。二者都是当代艺术和文学的目的地，都将为杭州民众提供足不出城即可尽情享受世界一流时尚、美食、设计、音乐和艺术的魅力空间。

杭州青年艺术展馆

杭州青年艺术展馆坐落于杭氧老厂房区域内的"上海世博会德中同行馆"（上海世博会后，德国将此馆捐献给了杭州）。杭州青年艺术馆将展示杭州学生的绘画作品。这将是一个面向社会的视觉艺术展览空间，与"城市之星"四个博物馆的教育项目紧密相连。

杭氧有博物馆群，而杭锅改建的重点是美好生活。整个杭锅厂区的工业环境将通过增加多元化的功能而得到丰富，包括日间和夜间活动设施。现有的三座厂房和新建建筑将被打造为集艺术画廊、传统表演、地方美食、实验性演出、主流与艺术电影以及零售专卖店等多种功能于一体的特色活动聚集地。此外，美术馆、写字楼、精品酒店和会议设施的引入将使整个规划更加完善。

▲杭锅厂区概念图

▲7、8号厂房改建剖面图和效果图

▲杭锅、杭氧厂房改建方案比选

这些功能都将设在厂房园区内，形成室外室内联动的活力空间。林荫道构成了项目主要的动线，与中央水系并行贯穿整个地块，并连接东西两端的城市广场。地块的主要到达区域也设置在这两个广场内。通过引入娱乐性的亲水设施并利用灯光活跃空间氛围，两个广场被赋予典型的城市特色。最重要的是，每个厂房内的公共空间，不管是用于演出、艺术展示还是仅作为休闲和社交活动场所，都使杭州市民和游客在置身于现代艺术空间的同时，还能感受到它的历史韵味。

除了保护老建筑外，"城市之星"还将新建部分建筑，包括水之塔、山之塔，部分新建SOHO区，以及配套的公园、天桥、步行通道等设施。其中，象征杭州精神的山之塔和水之塔，其设计方向是圆柱形的烟囱状建筑。水之塔内主要为办公场所，基座是商业空间，顶部有餐厅和各种多功能空间；山之塔主要是酒店，通过电动扶梯连接到水之塔顶部。两塔之间有一条延展水巷，主要是一些

商业办公区域，还有一些艺术家工作室。细长的建筑里，有水景，有树木，让人仿佛来到西湖边。

2017年，业主单位与喜达屋旗下的W酒店（W Hotels）签订了谅解备忘录，在"城市之星"项目中建设一座约有280间客房的W酒店。酒店集时尚、艺术、奢华于一身，是品质人群的全新选择。同年，业主单位与倪德伦中国公司就"城市之星"杭锅区块8号厂房签署项目谅解备忘录，将为杭州引入更多的百老汇剧目以及其他国际文化资源，借音乐剧等戏剧形式的强大号召力，将该地打造成为杭州最具国际化潮流特色的戏剧中心和城市文化新地标。

倪德伦公司及其附属企业在全球文化娱乐行业拥有丰富的业务经验，是世界上现场娱乐场所最重要的所有者和经营者以及现场娱乐最重要的生产商。倪德伦公司及其附属企业管理着30多家美国和英国伦敦的剧院，包括百老汇的9家剧院。倪德伦也为中国文化产业做出了一定贡献，在

▲ 湖心灯塔概念图

中国城市举办百老汇演出，在美国展示中国产品，包括在百老汇第一次举办中国表演。

W酒店是喜达屋（现万豪）旗下的全球现代奢华时尚生活品牌，其官方定位是"Lifestyle"品牌，业内普遍将其归类为大型精品酒店路线。激发灵感、创造潮流、大胆创新的W酒店在业界影响深远，为宾客提供终极的入住体验。世界一线城市一般将W酒店视作时尚、艺术、奢华的标志性酒店。

从自然生态项目的营建，到工业遗存的改造，在城市化的浪潮中，城市建设从大拆大建进入了有机更新，这是一个世界性的课题。

很长一段时间，在国人的概念里，房地产就是造房子、建住宅。可在欧洲的房地产项目里，新建住宅少之又少，大量项目是对存量的改造。20世纪70年代开始，欧洲建筑学里就已有专门的分类，台湾将其翻译为化新，大陆翻译为更新改造。公建、厂房，各种工业遗存的改建司空见惯，80年代末鲁尔工业区的复兴，就是较早的运用案例之一。

1989年，鲁尔工业区的更新计划正式实施，此后十余年间，从厂房设施到博物馆和景观公园，从瓦斯罐到潜水训练基地，从混凝土建筑外墙到攀岩基地……100多个具有独特创意和成熟执行力的更新方案进入民众视野。这也是工业遗存重新受到举世瞩目的典范。

在国际视野中学习到的经验被融入西溪天堂和"城市之星"项目，尤其是"城市之星"工业遗存的保护利用和开发，从2009年到2019年，经十年打磨，已经形成了丰富的全生命周期理念和充分的实践经验。冥冥之中，一种力量从西溪天堂项目中蜕变而来，在"城市之星"项目中成长，所有的过往成为进入大城北核心区城市设计的基础，也成为从城市项目建设延伸发展到城市区域营运的序章。没有这些基本功，就不会被推到大城大河的面前——从规划项目设计开始，营建一座新城市。

▲杭氧厂房概念图

▲设计博物馆概念图

▲京杭大运河（杭州段）拱宸桥一带夜景（摄影：沈耀）

先策划后规划：荷兰MVRDV和北京天安时间的想象力突破

2019年7月，中央全面深化改革委员会第九次会议审议通过了《长城、大运河、长征国家文化公园建设方案》；2019年12月，中共中央办公厅、国务院办公厅印发《长城、大运河、长征国家文化公园建设方案》。杭州开始实施"北建"新战略。杭州市运河集团新的领导班子面临上任后的第一个攻坚难点——以"树标杆"模式重新开展城市设计，任务急切而艰巨。

彼时，大城北的策划和设计还未得到上级认可，示范区控规待定，这意味着具体项目的设计与建设也无法启动，但阶段性节点迫在眉睫。时间紧迫，各团队只能白天黑夜连轴转，容不得一丝蹉跎。

营造一个新的城市，意味着无限的想象力和可能性。早已经过实践和理性锻造过的团队抬高了视线，找到了新的方法。

作为推动艺文思想引入城市变迁的先锋实践者，翁菱具有世界级艺术家的号召力。她形容自己"有一个非常亲密的100多人朋友圈"，艺术家、设计师、建筑师、科学家、哲学家……一起坐下谈谈那些遥远又切肤相关的话题。

翁菱的北京天安时间当代艺术中心团队，立足当代艺术，关注城市变迁，与多地政府、企业深入协作，共同营造了北京、深圳等多个城市核心区域的重要文化项目。

比如该团队最出名的北京前门城南计划的"打磨场"项目，由包括日本建筑师隈研吾在内的七位国际知名建筑设计师打造不同院落空间，为这片地价昂贵、风水奇特的老城区域注入"人本"理念，以艺文思想为先导，推动旧城更新与保护实践。

有时，翁菱更像是艺术的中间人，将前卫的理念以容易接受的方式传播给城市工作者们。她认为艺术、人文、科技会主导未来世界的发展，因此倡导"艺术是改变社会的力量"，并由此提炼出了"艺文城市主张"。

在策划构想初步达成一致后，城市设计方面，杭州市运河集团则邀请到了荷兰MVRDV建筑事务所进行优化。MVRDV是当今最有影响力的建筑设计事务所之一，它的核心人物是威尼·马斯（Winy Maas）。MVRDV关注城市与社会问题，被誉为"当代建筑中大师建筑师与实验建筑师之间的分水岭"。其作品遍布世界各地，屡获大奖，2000年汉诺威世博会荷兰馆、大巴黎未来都市总体规划、鹿特丹市集住宅等项目声名远播。

MVRDV的合伙人之一威尼·马斯与翁菱相识20年，携手参与了威尼斯建筑双年展、"立体城市"、北京前门

▲综合艺术策划人翁菱（图自北京天安时间官网）

▲MVRDV建筑事务所合伙人威尼·马斯（图自北京天安时间官网）

▲香港西九文化区

城南计划等重大城市项目，共同前瞻性地思考如何以艺文体系带动城市的良性变迁。在大城北的策划、设计里，他们又是顶峰相见。

2019年3月，大城北示范区概念正式提出，定位对标香港西九文化区和上海徐汇滨江。5月，杭州市相关领导召开大城北地区规划建设督察会议，听取杭州市运河集团全面汇报示范区的策划和规划整体思路。会议中，运河集团创新性地提出了"运营前置""艺文事件塑造艺文场域"的规划策划理念和大胆策划的十大标志性项目设想，获得了会议的肯定。8月，大城北示范区策划和概念性规划成果稿出炉，获得市里的充分肯定和高度赞赏。经过十大项目对标和城市设计导则的两次策划汇报，此后控规调整畅行无阻。

城市，让生活更美好。"什么叫美好的东西，我们这一代人还没见过，但是我们相信真正美好的东西、未来的城市，应该在年轻人的想象中。"

运河理想绿皮书：东方新理想城市的典范

杭州大城北地区总面积为135.5平方千米，核心区15.6平方千米，其中包含3.5平方千米的示范区，覆盖了南北走向的运河，以及东西走向的杭州钢铁厂和杭州炼油厂。

▲大城北示范区概念性规划示意图

在考虑营建怎样的建筑形态之前，首先要考虑人们想要一种怎样的生活。

如果说南面的老城区段代表着杭州过去乃至现在的生活，那么北端的大城北，势必象征着这座城市未来的生活。

"杭州有优美的自然生态、东方的人文环境，杭州缺什么？缺的是可以跟上海媲美的潮流。杭州缺时尚先锋，杭州缺跨界混搭。而最可能实现这些的地方，肯定是城北工业区。"这是先行者的洞见。

从历史经验来看，杭钢半山基地这样的工业厂房遗存，对年轻时尚的人群而言，其自身有天然的吸引力。而放眼全杭州，这样潮流、艺术的内容和风格，恰恰是这座城市所缺失的。

有了这样的初步设想，杭州市运河集团实行策划先行、运营前置的规划策划理念，试图根据生活场景和城市事件，反向提出空间创设需求。

翁菱创办的艺文中国联盟拥有大量具备国际水准的艺术家资源。北京天安时间通过综合评估，为大城北地区量身打造具有适应性和独特性的艺文事件，并以此为目标营建城市空间。这就是大城北示范核心区的城市发展模式：艺文事件+艺文场域或空间=城市新价值。

cultural system
艺文体系

艺文内容
art and cultural content

协同发展　同步释放
synergistic　synergistic
development　dissemination

艺文场域及空间
cultural site and space

优势发展　总体整合
overall　overall
development　integration

艺文组织体系
art and cultural organizations

achieve new urban values in all directions from spatial incrementation to cultural accretion
从空间增量到人文增量的提升　全方位实现城市新价值

在《杭州大城北核心示范区策划规划方案》中，北京天安时间和MVRDV联合体拿出了看家本领，一次次用全球最先进的理念和对标物，打开了人们的想象。

被誉为"艺术界奥运会"的威尼斯双年展，就是通过艺文事件激发城市活力的最佳案例。与杭州相似，威尼斯也作为古朴的运河之城闻名。自1985年起，每年来自90个国家的数十万艺术爱好者前来"朝圣"，为这座城赋予了新的文化形象，一座古城由此提高了城市当代性，成为全球艺术最前沿的方向。

▲威尼斯双年展

伦敦泰晤士河南岸的泰特现代美术馆，则是通过艺文地标聚集城市能量的典型。在此之前，泰晤士河南北两岸发展并不均衡。1994年泰特美术馆收购了位于南岸的Bankside发电厂，自20世纪80年代这个发电厂退役后，南岸便留下了一个贫穷荒芜的真空地带，此后十年间都未找到合适的发展方向。直到2000年，旧建筑再利用的泰特现代美术馆开业，连同莎士比亚环球剧场和千禧桥，一起带来了一股文化风潮，并由此带动南岸包括皇家国家剧院、圣保罗大教堂等艺文机构的再生和振兴。

▲泰晤士河

纽约曼哈顿的全域运营，更是通过艺文场域丰富城市人文的经典。纽约中上城的中央公园设计在曼哈顿崛起成为国际第一大都市的过程中起到了决定性作用。而高线公园中，一条废弃铁路则被改建成了线型空中花园绿道。斑驳铁轨的历史痕迹与生机勃勃的自然野性景观相得益彰，成为国际设计和旧城重建的典范。沿线的惠特尼美术馆、谷歌东总部、画廊商业区、哈德逊广场、哈德逊水岸文化表演中心等，均为曼哈顿的进化提供了助力。

▲纽约高线公园

这些与杭州城市特征相似的国际城市案例,为大城北核心示范区的发展进化提供了路径清晰的指向,即从空间增量向人文增量转变,塑造杭州城市生活当代特色,构建大运河文化保护、传承、利用的杭州样板。

由此,《杭州大城北核心示范区策划规划方案》对多种艺文事件及项目内容体系进行了详细阐述,包含城市级别的大型艺文事件,常年以及中、短期艺文项目。

其中,两年一度的大运河艺术与科技节最为吸引人眼球。在持续半年的时间里,各行业先锋,以丰富的展览、现场演出、跨领域论坛,集中呈现全球先锋艺术与尖端科技的交融及成果;跨学科实验室、跨界驻地、公共教育等项目将国际大师、顶级企业与社会公众链接,为未来的创造性思考提供实验、传承和孵化的无限可能。

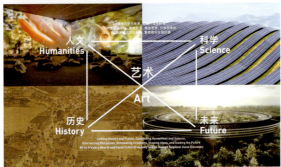

▲大运河艺术与科技节策划意向图

而在日常运营中,示范区也将专注于举办各类型音乐活动、学术会议等短期特邀项目。例如,运河艺文讲堂为各学科领域中最具影响力的人物提供展示作品的舞台;夜中艺术大运河则将邀请当代艺术人共度庆典,从黄昏到黎明,互动探索夜晚的艺术。

▲大运河示范区音乐活动对标意向图(林肯中心门外音乐节)

示范区的核心展览,计划以区内三个核心艺术机构为主要场所,举办持续1—4个月时间的中期文化艺术展。未来艺术中心将展出以当代和实验艺术家为特色的展览,为最前卫的艺术家提供平台;大运河美术馆将不仅关注大运河的历史,还关注社会经济、地理意义和国际影响;大运河演艺中心则将上演当地和国际重要的戏剧作品。

▲大运河示范区艺术展览活动对标意向图(惠特尼博物馆)

同时,示范区将常年开展文化产业孵化计划和可持续性教育项目。示范区还将为艺术家提供平台,邀请艺术家长期合作、驻留,甚至设想在艺文生活区中提供文化住宅供其居住。

除此以外,艺文核心区里,杭钢旧址公园内的"大运河马拉松"、世界级运动员共同参与的"大运河赛艇节"等,都将为大城北创造更加多元、综合的活动与事件,吸引更多民众日常前来。

▲大运河示范区赛艇节活动对标意向图

而这些活动，都会在运河文化带、艺文核心区、艺文生活区和艺文活力区四大功能区共同展开。明确了功能定位和运营目标，威尼·马斯及其团队在这块名为大城北示范区的画卷上，开始了天马行空的设计构想。

过去的钢铁厂，未来将成为杭钢旧址公园。想象一下，从中央湖划船进入钢铁厂活动区，在环境整理优化后的钢铁厂公园顺着绿道漫步，在旧厂房改建的攀岩墙或滑冰场享受休闲野趣……旧有的烟囱管道、筒仓等建筑结构，都将被一一保留，并在更新维护老化建筑后，成为人们可以进入并观赏互动的杭钢旧址公园。

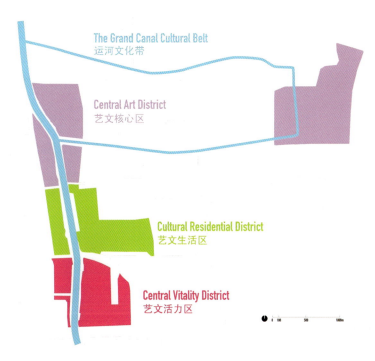

▲艺文体系场域分区示意图

▲杭钢旧址公园意向图

在原有的炼油厂区域，一座未来艺术科技中心即将诞生。它包括文化艺术体验区、产业园区等，将以工业遗存的改造、利用为特色，以文化艺术体验为核心，打造城市文化展示、体验和产业孵化中心。

▲大运河未来艺术科技中心区域模型

馆、水表演、微气候亭等各种街区玩乐，甚至还能看到杭州的私人游艇码头。

▲未来艺术科技中心意向图

京杭大运河博物院立于大运河畔，以悬臂式建筑大楼，向这条古老的大运河深鞠一躬。你站在大运河边欣赏博物院建筑，博物院中的人在看河上风景。与运河沿岸诸多严谨、传统的博物馆不同，京杭大运河博物院试图探索一种具有强烈创新性的互动体验式博览模式。

大运河生态艺术岛上，人们穿行过艺术与自然相得益彰的波普艺术花园，看到的是绿林后以球形音乐厅、梯形歌剧院、矩形报告厅结合户外表演空间形成的独树一帜的演艺中心。

运河湾北区将会有很多住宅区，人们走出家门，即可漫步在大运河滨水公园，在街头图书馆驻足。

运河湾南区则以购物为主。码头集散地与水路连接，人们自此进入运河湾的大市场，感受具有工业元素的餐

在仔细研究祥符桥、拱宸桥、大关桥、登云桥等25座杭州历史桥梁后，MVRDV结合本地文化，在运河两岸传统的圆拱桥、石板桥搭配基础上，创建新的折叠桥、环桥，并连通区域内所有的运河水系，加强水岸活动。人们将在大运河大道上骑车，在大运河花园散步，整个运河景观带都是互连互通的。

▲杭州历史桥梁合集

"我觉得咱们可以把杭州项目往更深入、更理想、更浪漫的方向再走一步。"翁菱还不过瘾，她对威尼·马斯如是说，"全场域的艺文带动城市启动及增强城市的价值是我一直以来的理念，我想要建造一个东方的新的理想城市的典范。"

这些并不只是遥远的畅想。2021年10月，第三届中国大运河文化带京杭对话在运河湾新落成的运河音乐公园里举行。繁花似锦，大运和鸣。

▲ 玉河夜话·艺文城市主张论坛现场（图自北京天安时间官网）

一座有原则的城市

建筑系学生在大学需要学五年，但有一种说法是，建筑的所有做法都建立在建筑师对世界的观察、思考、提炼和表达的基础上。建筑是学不会的，靠悟。MVRDV就集中了相当前卫和先锋的建筑师群体，时而抛出充满挑战的设计。

翁菱眼里的威尼·马斯一直是个梦想家、艺术家，他的建筑更像是巨大的雕塑作品，需要时间来慢慢被现实接受。

2019年底，翁菱曾邀请威尼·马斯参加其创办的先锋性智识对话栏目"玉河夜话"。二人从大城北核心示范区讲起，共同做了一场关于艺文城市主张的论坛。

中国当代建筑领域知名学者、清华大学建筑学院副教授周榕在听完威尼·马斯的讲演后，曾这样形容："威尼·马斯的很多案例完全就是一种新的世界观，不再是常规地把一个建筑形式做得好或坏、美或丑，而是一种新的文明方式。"

周榕形容翁菱的角色特别有意思，一方面翁菱会提醒设计师别那么疯狂，另一方面，她又会在"甲方"耳边不厌其烦地解释：这就是最好的，是世界最领先的，这就是艺术。

说完，周榕旁敲侧击地试探："这是非常大胆的设计，有很强的冲击力，这个冲击力可能已经逼近了杭州市运河集团心理承受的边缘。"

他猜中了部分。在这场本地文化与世界先锋的碰撞里，国际建筑师时常带来超出想象的设计。一方面，杭州市运河集团对于自己的运河理想有着笃定的态度和明确的想法："他们是我们的外脑，根据我们的意图和想法，为我们提供专业的咨询建议，最后由我们来作决断。"另一方面，他们尊重专家，尊重识见，在兼收并蓄中为大城北核心示范区寻找最具价值的实践之路。

不惧过往，不畏将来，既要有胸襟去接纳世界前卫的观念，又要有慧眼去识别真正的美丑，作出符合杭州、符合大运河气韵的独特表达，这是杭州市运河集团面对世界级项目时的态度。

▲西湖（摄影：東東東）

人本思想，是建筑规划专业人士遵循的原则，也是一个城市人的直观体验。即便没有和威尼·马斯有过杭州街巷风貌的具体交流，他的设计导则里面提到的密路网、小街区、尊重自然格局等等，也都与杭州市运河集团营城的初心一致。

可见大道至简，最终人们所追求的美好生活与世界的美是共通的。营建城市真正的智慧，价值观的抵达，是殊途同归的。

《杭州大城北核心示范区城市设计导则》里，MVRDV将大城北核心区的新特征归纳为诗意山水、运河村落、艺文活力、小尺度街区、工业文化和公共目的地。

滨水空间将以有活力、绿色、可通达为目标，还原大运河原有的绿色风貌，给不同人群提供多样化的舒适活动空间；绿地空间与水岸景观相融合，形成多样化的水岸特

征；建筑石材则提倡使用环保节能的自然本地化石材。

在重塑工业遗产方面，则要在保留原有特征的前提下赋予工业遗产崭新的功能。在不同地块设计相应的城市地标，以公共视觉通廊的形式使其相连，让这些视觉通廊成为整个区域的公共空间主脉。

另外，MVRDV还在导则中提出了城市村落的愿景。城市村落代表了一种以中密度住宅、空间复合使用、公共交通发达、步行道和公共空间发达为特点的城市发展模式，具有一定密度、个体性、特定规模、灵活性、集体性、演替性、多样性、人性尺度、公共性、独特性和非正式性的特征。在这样宜人的街道和鲜明的特征里，我们似乎能看到杭州旧时街巷里弄的幻影。

▲杭州街巷里弄（摄影：肖奕叁）

2019年11月，习近平总书记到上海杨浦滨江视察，充分肯定了杨浦"工业锈带"变"生活秀带"的经验做法。这个时间，也就是示范区方案即将完成时。杭州市运河集团上下认真学习后，心头大石落下，这所有优秀的理念，事实上在大城北的策划和设计过程里，并无丝毫疏漏。

最鲜明的一个案例就是运河绿道。比如运河老城区段（石祥路—钱塘江）综合提升工程，作为2021年"十大民生实事"，在大范围征询市民意见之后，更加重视绿道贯通、水岸互动，服务更广泛的人群。这项工程南起钱塘江与运河交汇处（三江汇），北至石祥路，全长15.2千米，整体形成北段"延续历史的遗产段"（文晖桥—石祥路）与南段"面向未来的非遗产段"（文晖桥—钱塘江）的规划结构，最大限度优化了滨水空间的公共性，使运河两岸保持连续贯通的状态。以前的绿道有断点，提升后则可以行、运"一条龙"，从南到北畅通无阻。同时，绿道不再

▲征集市民意见现场（摄影：悠小七）

仅仅是景观，它还可以进入，形成骑行+漫步+跑道的互动共享模式。现代都市生活和市井烟火气交织共生，岸上水上遥相呼应。水陆联动，这样的绿道成为"生活秀带"的重要窗口。

新城市空间
导入新人群

美国哥伦比亚大学著名社会学教授萨斯基亚·萨森（Saskia Sassen）在《构建城市生态与自然生态之间的桥梁》一文中指出："城市不再只是国家的组成部分，而是世界经济的组成部分。如果它们不继续发展，它们很容易被孤立。"

有专家指出，未来中国最大的竞争是城市之间的竞争。城市人口的导入、GDP、税收、银行存款，甚至这个地方有多少富翁等所有指标，普通市民都在不由自主地进行比较。

都市的生死轮回全无定数。在城市彼此竞争的情况下，建设要充分考虑这个城市未来的发展。这也是杭州市运河集团坚定的信念："大城北的工业基因深入人心，人们想到大城北的原住民，第一反应是他们并不具有艺文特质。城市拾遗补阙，因其仍然处于封闭式的状态，所以我

们要思考的是新导入人口。每年杭州导入50万以上人口，但拱墅的人口增长率大概位于全市倒数，我们要找到新东西，吸引新人群。"

2020年初，杭州市政府批复了整个大城北核心示范区控规，与此同时，十大项目特别是文化标杆项目方案国际征集，四位一体（城市设计、控规调整、方案招标、国际招标）同步推行。2023年底，大运河国家文化公园杭州样板基本建成。2025年"十四五"规划结束时，示范区全部建成。

营建永远是一个协调的过程，实践中一定会有难以达成的地方，因为大城北毕竟不是一块白地。但对于大城北的城市理念和导则，杭州市运河集团十分坚定："颠覆不可能，到现在为止，我们没有动摇过。"运河理想是一个人的理想，一群人的理想；这是关于一条河的理想，更是关于一座城的理想。

▲京杭大运河（摄影：王振）

理想辉映：大运河新城核心示范区的对标

在全球滨水空间的设计建筑案例里，有三个区域可作示范。它们和大运河新城的空间格局相似，都有历史遗存问题，且更新思路契合，属于城市的有机更新，更新方向也是用艺术和创造去激活城市存量资源，提升美好生活空间，让城市从发挥功能到发扬文化。这三个示范区就是香港西九文化区和上海西岸的徐汇滨江、杨浦滨江。大运河新城的更新理念既有和香港、上海相通的地方，能借鉴，能应用，也有基于杭州特色江南意韵、将所有项目围绕千年运河贯穿一气的独特思路，三生融合，俯仰呼应，在运河理想落地的时候，贡献杭州的价值。

▲西九文化区

香港西九文化区

西九文化区（West Kowloon Cultural District），集艺术、教育及公共空间于一身，是全球规模最大的文化项目之一。

西九文化区位于香港九龙尖沙咀核心地带，是1994年维多利亚港最后一片人工填海区。1998年，时任香港特首董建华提出，要在此兴建一系列世界级文化设施。

此后十余年，文化区规划几经波折，在推进过程中引起很大争议，直到2013年，西九文化区由世界知名建筑规划团队英国福斯特及合伙人建筑事务所（Foster+Partners）负责总体规划。

在此之前，西九文化区北部头顶三大块巨构——西九海底隧道口、圆方综合体和九龙高铁站，并列排联形成的城市形态使得区域内存在由巨型建筑导致的超大的街区划分、较弱的公共交通通达性和反人性的步行环境等问题。如何复现香港的城市街景和街区"DNA"，即便利的公共交通和生机勃勃的街道文化，是规划团队面对的一项重要考验。

显然，福斯特及其团队早已意识到症结所在，设计方案强调城市外部空间的整体性和连续性，这要比独立的地标建筑更重要。福斯特说："这是香港人的文化区，如果发展壮大，必将成为全球重要的文化区。我们需要对街道、广场及绿色空间进行谨慎的设计——而建筑则是之后需要考虑的因素。"

▲西九文化区艺术公园（图自西九文化区官网）

在这个名为"城市中的公园"的规划方案中，有一占地23万平方米的公共空间。广阔的海滨公园，让人联想到美国曼哈顿的中央公园，令人眼前一亮。而大部分建筑都被紧凑地规划到与九龙老区相连接的东部带状城区，街区、楼与楼间的巨大空隙得到细化设计，为市民留下体验海风吹拂的机会。三条东西向平行街道，除了现有的柯士甸道和连接九龙公园西侧巨型海滨公园的海滨长廊，中间将形成步行中央大街，两侧排列如中大型剧院、音乐厅、戏曲中心、舞蹈戏剧学校、M+博物馆、香港故宫文化博物馆等文化设施，与纽约百老汇剧院街区和伦敦西区剧院街区的格局异曲同工。

▲西九文化区M+博物馆（图自西九文化区官网）

▲香港故宫文化博物馆（图自西九文化区官网）

▲西九文化区演艺综合剧场图（图自西九文化区官网）

项目中规模庞大的建筑，则从城市的连续肌理中被独立出来，例如位于中央大街和海滨公园交界处的卵形歌剧院，既成为中央大街的东端结束点，又成为海滨公园西部起点，是城市街区和开放空间中的地标。而环绕在西区海底隧道口的U型酒店及其延伸段的能源中心，一方面阻挡了隧道口的交通噪声，另一方面则使其拥有了海滨公园、维多利亚港和港岛的无敌景观。

在丰富的柱廊、小巷、大道和绿树成荫的宽阔人行道的混搭中，福斯特及其团队围绕街区、公园、独立地标型建筑三项中心元素，打造出了一个安全无车的公共环境，提供了一个包容性的开放场域，并点缀着公共艺术、游戏场地、野餐场地、亭台楼阁以及户外演出场所。

随着西九龙高铁站和西九文化区的建设，各种水路、陆路包括地铁交通的延伸、接驳，区域公共交通通达性也得到提升。在这里，工作室、商店、画廊、酒店融为一体，多功能式的设计将文化场所和城市的日常生活合二为一，生活、工作和游玩区域的边界变得模糊。这不仅提高了市民生活品质，还提供了一个充满活力、丰富多彩的文化地带，吸引本地与其他国家和地区的艺术从业者、爱好者前来。由此，西九文化区将成为香港一张独特的文化名片。

▲ 西九高铁车站

目前，艺术展亭、戏曲中心、自由空间和艺术公园等区内首批文化设施已经开放，M+博物馆于2021年底开馆，香港故宫文化博物馆也于2022年中开馆。

▲ 西九文化区自由空间（图自西九文化区官网）

▲上海徐汇滨江（图自上海西岸官网）

上海徐汇滨江

　　上海徐汇滨江区域位于黄浦江发展核心区的南延，而对岸，就是上海世博会园址。

　　曾经，这里聚集着龙华机场、上海水泥厂、北票煤码头、铁路南浦站、上海飞机制造厂等大型区域，是上海重要的物流和工业生产基地。随着传统产业衰落，徐汇滨江一度面临严重的环境污染，被戏称为"烂泥湾"，成为城市的失落空间。

　　2002年，借筹办上海世博会的契机，上海市正式启动"黄浦江两岸综合开发计划"，将黄浦江沿岸原有的生产空间转变为生活空间。

2010年后，徐汇滨江街区开始加速转型，明确提出"文化先导、产业主导"的开发线路，坚持"规划先行、科学控制"，积极借鉴国际著名滨水城市的建设和运作经验，保证综合开发的整体性。

龙华机场变身跑道公园，废弃油罐改建成油罐艺术中心，水泥厂工业遗址则成了东方梦工厂……滨江公共开放空间、"一河两岸"景观工程等项目，提升了该区域的可接近性和亲水性，拉近了人与自然环境之间的距离。徐汇滨江利用大量的历史建筑、工业建筑遗存，做一个区别于世博会后续文博区的文化产业区，重点打造"西岸文化走廊"品牌工程，推进以"梦中心"为旗舰的西岸传媒港等西岸商务组团开发。

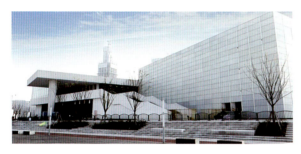

▲西岸美术馆（图自上海西岸官网）

在"西岸计划"的引领下，西岸已经建立了初具规模的文化生态圈，龙美术馆西岸馆、余德耀美术馆等20多座文化场馆星罗棋布。

余德耀美术馆建址于原滨江上海飞机制造厂机库，由印尼华人收藏家余德耀及其基金会投资，由日本建筑师藤本壮介改造设计。余德耀美术馆从老机库东延伸出一座透明玻璃房，在尊重老建筑风貌、继承原工业现场历史气氛的同时，透过玻璃，从前的机库的深红色与周边景观融合在一起，成为城市新地标。

▲余德耀美术馆（图自余德耀美术馆官网）

位于龙腾大道的龙美术馆西岸馆曾是运煤码头。该馆由中国建筑师柳亦春负责设计建造，充分保留老建筑张扬的主体结构和巨大空间，贯彻了维护工业文明场所精神的原则。龙美术馆馆藏展品也具有本土化的特点，并极力扶持中国当代艺术，将艺术融入生活。

▲龙美术馆西岸馆

除了对文化基础设施的大量投入，这个地区的活力与魅力更来源于城市事件与活动。每年两次的西岸文化艺术季已成为上海最具人气的文化品牌之一，西岸艺博会、音乐节、"食尚节"等近100场活动吸引了公众广泛参与。

自2012年始，每年秋天在徐汇滨江绿地举办的西岸音乐节，是上海首个本土大型户外音乐节。"西岸建筑与当代艺术双年展"由西岸集团联合同济大学与中国美术学院共同主办，融合了建筑与当代艺术，立足本土又面向国际。除了展览本身，双年展还举办了多场学术类科普讲座、公益类活动及公众互动活动，使大众可亲身参与其中。此外，西岸艺术与设计博览会、"城市更新——上海城市空间艺术季主展览"等各类活动不胜枚举。

▲2017西岸艺术与设计博览会（图自"西岸艺术与设计博览会"微信公众号）

上海杨浦滨江

2019年11月2日，习近平总书记考察杨浦滨江，对杨浦区科学改造滨江空间、打造群众公共休闲活动场所的做法给予高度肯定。

杨浦滨江岸线总长15.5千米，被誉为"中国近代工业文明长廊"。中国第一家自来水厂、远东最大的发电厂……这里曾诞生了中国民族工业的十多个第一，在近代中国的工业发展史上有着举足轻重的地位。

▲上海杨浦滨江沿江"绿之丘"鸟瞰（摄影：章鱼见筑）

2013年，杨浦滨江公司成立，将杨浦滨江分为南段（秦皇岛路—定海路）、中段（定海路—翔殷路，含复兴岛）和北段（翔殷路—闸北电厂）等三段发展，率先开发南段，岸线长度5.5千米。

杨浦滨江有各类文物保护点85处，其中南段分布着32幢历史保护建筑。既要保护这些工业遗存，又要打通岸线，这是规划的难点。设计团队以"有限介入、低冲击开发"为理念，将能保留的历史遗存都尽量保留，同时以现代化的艺术呈现方式，体现出新旧对比的张力。

秉持"历史感、智慧型、生态型、生活化"的规划理念，2016年，怀德路至丹东路的550米示范段率先建成，以"生态复合型滨江公共空间+雨水湿地公园"建设惊艳亮相，获得世界建筑节年度景观大奖和亚洲建筑师协会金奖。

2019年秋，随着上海城市空间艺术季开幕，杨浦滨江南段5.5千米公共空间全线贯通。轮渡和码头之间的断点用人行天桥、步道连接，共建成漫步道约5886米、跑步道约5631米、骑行道约5394米，一改长期以来杨浦居民"有江看不到江、走不到江"的窘境。

▲灰仓美术馆，由上海杨树浦电厂干灰储煤灰罐改造（摄影：章鱼见筑）

值得一提的是，滨江南段将以人为本的公共服务做到了极致。以"人人屋"为例，占地仅几十平方米的空间集中了手机充电、直饮水、医疗急救、图书借阅等特色公共服务。正是这样的细节之处，方能彰显一座城市的温度。

在上海城市空间艺术季外，杨浦滨江还举办了上海杨浦非遗节、杨树浦国际创新论坛、第十届国际传统艺术邀请展·杨浦巡展、2020上海国际摄影节暨第十五届上海国际摄影艺术展览等活动，吸引了世界目光。

▲杨树浦电厂遗迹公园（摄影：章鱼见筑）

杨浦滨江依托工业遗存和原生态特色植物，打造工业特色景观带，建立多层次的绿化系统，采用先进的智慧与科技为地块注入新的活力，装备公共Wi-Fi、监控、信息发布、交通诱导系统，并开通滨江游览项目和全市首条无线智能感应导览系统。

▲费利斯·瓦里尼《起重机的对角线》（摄影：André Morin）

　　杨浦滨江封闭的生产岸线快速向开放共享的生活岸线蜕变，被努力打造为充满活力、特色生态且舒适便捷的世界一流滨水公共开放空间。

　　随着世界技能博物馆、涵芬楼艺术中心等标志性文化项目启动，杨浦滨江的重心转向功能提升，着力打造博物馆群落。除了"生活秀带"以外，杨浦滨江将以产业发展为主导，加快打造在线新经济集聚区，重点塑造"科技—文化—金融"为主导的区域功能。目前，该区域已引入完美世界、达达集团、中交总部、美团上海总部、哔哩哔哩上海总部等一批重大产业项目。

▲川添善行《1年/1万年》（图自上海城市空间艺术季官网）

▲大岩·奥斯卡尔《时间之载》（图自上海城市空间艺术季官网）　　　　　　　▲杨浦滨江公共空间示范段夏日傍晚纳凉的周边居民

▲ 杨树浦电厂遗迹公园（摄影：章鱼见筑）

▲ 杨浦滨江杨树浦水厂栈桥

杭州实践

十年磨十剑：大运河国家文化公园（杭州段）十大标杆项目诞生记

　　罗马不是一天建起来的，大运河国家文化公园（杭州段）的主战场——杭州城北——也不是。从2009年确定在运河湾打造城市综合体算起，从酝酿构思，到方案设计，直至最后的控规落地，前后历时整整十年。在这期间，曾经的工业重地城北怎样经历了脱胎换骨、凤凰涅槃？如今正在全力建设中的十大标志性项目又是怎么来的？故事还得从上一版运河新城规划方案调整说起。作为大城北核心区规划总负责人，刘欣坦陈，如今回头看，2009年版运河新城规划方案的确中规中矩、难觅亮点，而且带有明显的时代烙印。

　　当时，杭州上下正在学习迪拜，提出要建设20个新城、100个综合体。考虑到住在城北的市民买点东西都需要跑到武林门，距离远，路上又堵，十分不方便，于是规划部门提出，能否围绕运河，在城北也打造一个城市副中心，以弥补该区域远离钱塘江、难以分享"沿江开发，跨江发展"所带来的城市红利的遗憾。按照彼时的设想，城北副中心以运河生态岛为核心，兼顾拱墅、余杭两区，在运河西岸形成完整街区的商务办公中心，东面则打造沿岸公建带。为此，刘欣牵头的设计团队在运河东南西北各规划了一个综合体，形成"一岛两岸，一主两副"的空间布局，其中南面的副中心就定在运河湾。

　　不过由于种种原因，2009年版运河新城方案后来被束之高阁，并没有付诸实现。但运河湾的布局仿佛一粒种子，草蛇灰线，埋下了长长的伏笔，终于在十年后重新破土而出，盛开在了大城北的方案里。其间，它累计经历了5轮规划调整，功能定位也从最初的杭州名品物流商贸综合体变为如今的国际旅游休闲综合体。运河湾的故事像极了某种隐喻，它预示着城北规划开发的过程注定一波三折。好在最终柳暗花明。只是这一次，与运河湾搭戏的不再是银河埠、炼油厂、勾庄的三大综合体，而是一组多达十个的标志性项目。未来，它们将一起撑起大运河国家文化公园的"颜值"线。

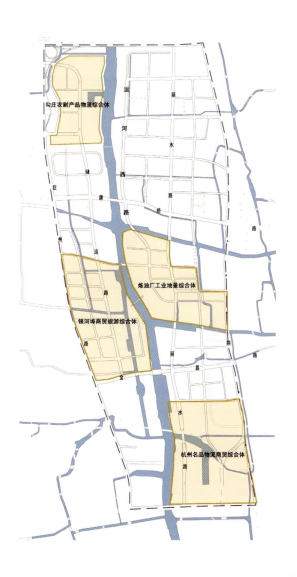

▲ 运河东岸的炼油厂工业地景综合体和西岸的银河埠商贸旅游综合体构成运河新城的主中心，南面的杭州名品物流商贸综合体和北面的勾庄农副产品物流综合体为两大副中心

▲ 杭州大运河国家文化公园杭州段展示馆

▲2015年12月，杭钢熄火搬迁（摄影：王群力）

从"运河新城"
到"大运河新城"

2014年大运河申遗成功，随后2016年G20峰会在杭州召开，彻底激活了城北的基建细胞。随着以杭钢半山基地为代表的一大批工业企业搬迁，原先被铁路、高架、工厂切割得支离破碎的城北，其界面顿时变得开阔起来。但腾退出来的空地到底应该怎么开发？去工业化后的城北又将何去何从？这些都成了摆在规划建设单位面前的道道难题。

其实一开始并没有完整的大城北规划，杭钢片区与运河新城虽然紧挨着，却分属两个不同的开发主体。地方政府曾按照常规的城建思路，做过一版杭钢新城的规划，结果被有关领导直接否决了。

"领导当时表示，以杭钢为代表的工业文化，也是运河文化的一部分，所以杭钢新城的建设应该以运河综保为抓手，带动整个城北的发展。"时任杭州市运河集团战略规划部部长汪伟涛至今仍记得市领导的那句话："城北的每个地方都应该渗透着运河文化的因子。"

可以说这个论断成了改变城北开发思路的一个转折点，运河、杭钢两大新城由此结束了之前各自为政的状态，其规划工作被全部归入杭州市运河集团。这大大拓宽了运河综保的进深，其范围不再只局限于运河两岸500~1000米的带状区域。一座连接（半）山（运）河，囊括了杭钢、杭炼等诸多大厂，面积达到15.6平方千米的大运河新城，就这样在"市区联动"的新机制下孕育而生。画卷已经铺开，蓝图该如何绘就？

为此，杭州市运河集团请来浙江省城乡规划设计研究院，由其操刀，为东起320国道东侧的杭钢厂区边界、西至上塘高架、南到石祥路、北抵康桥路及杭钢北侧边界的大城北核心区进行了新一轮城市设计。

在研究了北京首钢、英国伦敦巴特西、德国鲁尔区等国内外众多案例，比较了绿地公园＋文化、主题公园＋文旅、商业办公综合体＋住宅等几种旧城改造模式的优劣后，省规划院及其他辅助团队给出了城北新的定位——"运河首展地，杭州副中心，科技新蓝谷"。但这并不是重点，真正对日后产生深远影响的，是方案中提出的建设4千米国际运河文化活力展示带、5千米工业文化魅力"秀带"和18千米山水景观环链等三大核心设计理念。虽然具体的名称

后来有所改动，比如平炼路从最初的"工业年轮带"，到后来的"历史年轮带"，再到最终的"中央景观大道"，其名称及相应的定位设计一变再变，但这三条廊链的提出，初步支起了大城北核心区的城市功能骨架。

另外，方案还根据当时时兴的交通理念，在平炼路上设置了杭钢站BMW综合体，其中B代表自行车，M代表地铁，W代表步行。所谓"BMW模式"，也就是结合了地铁、公交等公共交通和自行车、步行等慢行系统的换乘中心。尽管后来它被更新的TOD综合体（以公共交通为导向开发的城市综合体）所取代，但不可否认的是，城北的几项重要地标在那时已经初具雏形。

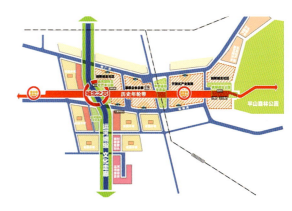

▲大运河新城空间格局图

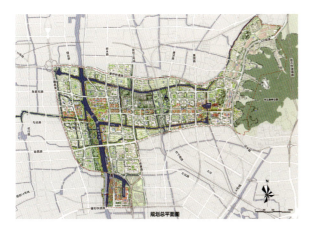

▲大运河新城核心区范围图

▲山水景观环链示意图

从"补短板"
到"树标杆"

2019年2月21日，杭州市运河集团正式对外发布了《大城北核心区城市设计》。此稿的侧重点始终在"补短板"上。这是因为作为传统工业区，在杭钢搬迁以前，大城北地区的基础设施、商业配套相较于城东、城西、城南都要落后很多，城建欠账一大堆，亟待弥补。而《大城北核心区城市设计》基本也是按照"补短板"的模式来做的。

2019年，中共中央办公厅、国务院办公厅先后印发了《大运河文化保护传承利用规划纲要》和《长城、大运河、长征国家文化公园建设方案》，对大运河的保护传承利用和大运河国家文化公园建设工作作出了系统部署，要求将其打造成"中华民族的重要文化标识"。杭州市委、市政府提出"加快大运河文化带建设"和"高标准推进大城北区块建设"。大运河国家文化公园建设的重要性显著提升，以"补短板"为目标的城市设计明显跟不上新的形势。为了使战略方向不至于一开始就走偏，杭州市委、市政府要求以"树标杆"的思路重新开展城市设计，以树运河标杆带动城市崛起，实现城北复兴。

大城北核心区占地15.6平方千米，要全面启动牵动太大，最好先规划一片三五年能出成果的示范区，集中兵力，决战决胜。杭州市运河集团开始着手研究示范区的定位、范围和策划规划工作路径。最初划定的示范区范围仅为运河两岸的2.5平方千米，后来随着工作的深入，又把杭

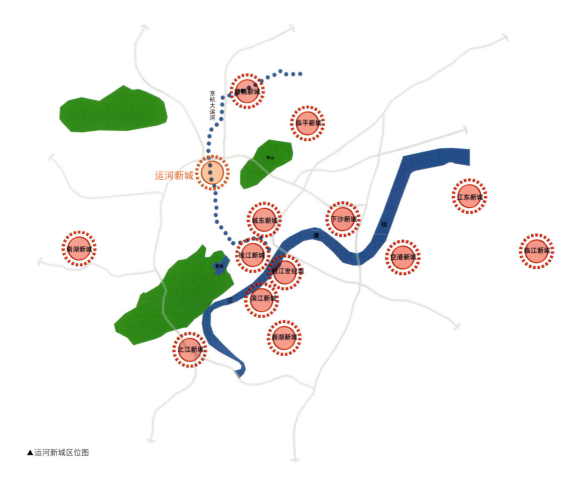

▲ 运河新城区位图

钢部分圈了进来,最终形成了我们如今看到的由东西两部分组成、面积3.5平方千米的大运河国家文化公园示范区。

与此同时,规划团队北上南下,四处寻觅对标项目学习借鉴。考虑到城北虽然集聚了大片存量空间,但因为大运河是世界遗产,所以在具体操作上不能大拆大建,而是得首先强调综合保护、传承、利用,这样才符合"成为展示我国城市有机更新成果的重要窗口"的大城北建设目标。规划团队决定将示范区往文化方向上靠,把大运河国家文化公园打造成为杭州的文化标杆。就这样,曾经的杭州城北工业区,开始向"艺文城市"探索与转型。

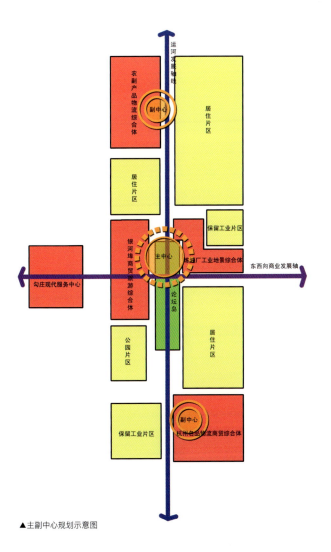

▲主副中心规划示意图

十大标杆项目的诞生

2019年5月20日,经过国际招标和多轮激烈的方案比拼,最终,北京天安时间艺术中心和荷兰MVRDV联合体成功竞标取得大运河国家文化公园示范区的城市设计任务。不同于过往"就规划而规划"的常规做法,这次采取了全新的"先策划、再规划"的工作模式。其中,北京天安时间艺术中心作为国内知名的艺文策划公司,负责示范区艺文内容的策划,而曾操刀深圳前海湾腾讯总部园区的荷兰MVRDV建筑设计事务所则负责示范区具体的空间规划。

这样做的好处是,策划和设计变成一个整体团队,运营工作也可以根据策划定位而前置开展。"比如京杭大运河博物院在设计之初,我们就已经大致测算过它的流量和产值,从而做到了项目的全生命周期管理。"奔着"树标杆"的目标,联合团队认真梳理了之前几轮运河新城的设计方案,捡拾出其中散落的珍珠,如运河湾综合体、平炼路景观大道、拱康路站、杭钢站TOD等,并根据新要求对其进行了定位调整和规划升级。

在此基础上,MVRDV的设计任务又增添了京杭大运河博物院、小河公园等一批新项目,炼油厂地块也被重新规划为大运河未来艺术科技中心。这样不仅大大丰富了示范区业态的多样性,被寄予厚望的城北地标项目也最终形成了十颗"龙珠":1.京杭大运河博物院;2.杭钢旧址公园;3.小河公园;4.中央景观大道;5.大运河滨水公共空间;6.运河湾TOD;7.地铁杭钢站TOD;8.大运河生态艺术岛;9.大运河未来艺术与科技中心;10.水上产业拓展。它们互相呼应,形成感应场。

除了这些点上的地标,示范区城市设计较之前省规划院所做的核心区方案,更大的突破在于整体城市肌理与界面呈现的焕新。新方案里,大运河国家文化公园内不再高楼林立,而是小街区、密路网,城市尺度十分宜人。运河两岸也由绿化带+游步道的传统组合,变为适合全年龄段人群戏耍亲水的公共滨水空间。连同打开了围墙的杭钢、杭炼等厂区，整个示范区就像一个开放的大公园。为此，设计方严格控制新城的容积率，规定住宅容积率不得超过2.5，商业容积率必须在4以内，而运河边则进一步压缩到住宅容积率2.2、商业项目容积率1.2～1.6。住宅开发量因此下降了20%多。不过，对陪伴城北走过十年营城风雨的刘欣来说，这轮城市设计给他和身边绝大多数本土规划师留下的最深印象，却是荷兰团队对于工业遗存那近乎苛刻的保护态度。"很多在我们看来才一二十年'工龄'、价值不大的年轻遗存，在他们眼里也是宝贝得不得了，谁要是敢说一个'拆'字，老外就吹胡子瞪眼跟你急。"

▲2019年，荷兰MVRDV建筑设计事务所合伙人威尼·马斯在城北实地考察

经受时间的考验

大运河国家文化公园示范区的建设是否符合百年大计、文化地标的标准，那是需要时间来验证的。但已经发生的事实是，示范区的设计方案一经披露，立马在市场上引起热烈反响。

随着大运河国家文化公园核心示范区从第一阶段的策划设计转入第二阶段的项目建设推进，为了不辜负各方对大运河的关切，如期完成示范区的高质量建设，杭州市运河集团组建了十大标志性项目工作专班，每个项目专班由个人领衔团队，实行矩阵式、专业化、集约化、扁平化工

作模式，以期最大限度地统筹整合集团资源。不同于以往的领导点将，这一次杭州市运河集团选择让干部员工自己报名，竞争上岗。只要你有好的想法，都可以站出来表达。为此，集团还专门组织了多场路演，最终共吸引来二三十支团队，不仅实现了从"要我干"到"我要干"的转变，很多原先从事工程建设、投资管理、旅游开发甚至后勤保障的普通员工还在此过程中凭借出色的创意点子或优秀的工作能力一战成名，被火速提拔为专班的负责人。在他们身上，可以看到朝气与活力；而在他们手中，城北的未来正在徐徐展开美丽的画卷。

两场著名的"神仙打架"

十大标志性项目里，最早启动的是京杭大运河博物院。与大运河国家文化公园的营建过程一样，博物院的命运也是一波三折。早在2018年初，杭州市领导就已经意识到，作为历史文化名城，杭州已经十多年没有推出新的重大文化项目了，所以打算在运河边筹建一个博物院。最初的设想是引入故宫分院，但与北京几番沟通下来，大家觉得相比故宫分院，杭州可能更需要一个运河主题的博物馆，来保护、展现、传承这一祖先留下的宝贵遗产。而且未来的运河博物院，要和扬州的中国大运河博物馆保持差异，需要在文旅融合、沉浸式体验等方面进行创新探索。京杭大运河博物院后来的功能定位、空间设计，基本就是按照这一思路来的。

据《大运河文化保护传承利用规划纲要》的标准要求，杭州市运河集团的目标是把京杭大运河博物院打造成世纪精品、传世之作。按照《标志性项目方案设计管理操作指引》，运河博物院专班实行了最严格的设计把关，不仅面向全球招标，项目的概念性方案更是经过集团班子成员集体审核，甚至招标、设计、修改过程中的会议怎么开，设计联系单怎么发，对外邮件怎么写，也都有一套严

▲ 杭钢旧址公园1号高炉改造效果图©成都市家琨建筑设计事务所

格的规范流程。最终，曾参与设计北京"鸟巢"体育场的瑞士赫尔佐格和德默隆事务所以一道中国书法的"悬停笔触"征服了几乎所有评委，成功地从戴卫奇普菲尔德建筑事务所、扎哈·哈迪德建筑师事务所等一众优秀团队里脱颖而出。

不料，方案初稿却遭到了荷兰MVRDV团队的反对。MVRDV方面认为，赫尔佐格和德默隆版京杭大运河博物院体量过于庞大，宜人尺度不够，破坏了示范区小街区、密路网的整体尺度。一时双方僵持不下。好在后来专班的人马翻出法国、巴塞罗那等地的例子，证明小街区里面嵌入大体量建筑也可以做到整体协调而不违和，才算勉强调和了彼此的矛盾。类似示范区整体的规划者与具体项目设计方"神仙打架"的情况，在大运河国家文化公园示范区

的营建过程中发生过好多次，比较有名的还有关于杭钢旧址公园那一场交锋。

MVRDV团队原本设想挖一个杭钢湖，以湖为中心，相关工业遗存散落在湖周边。但具体负责该项目设计的刘家琨却坚决反对，认为水不能是建筑的内景，相反，它必须围绕着建筑。在这位作家出身的设计师看来，工业遗存就像是一个个花瓶，设计师能做的只是给花瓶加一个托盘或者一张茶几。所以在设计杭钢旧址公园时，刘家琨始终以十分谦逊的态度对待甚至致敬杭钢的一草一木，只在公园外围增加了一些功能性建筑，以期尽可能减少干预，确保开园后，杭钢人"回家"时不会迷路。

跟新建的京杭大运河博物院比起来，改建的杭钢旧址

▲ 杭钢旧址公园气柜片区改造效果图©成都市家琨建筑设计事务所

公园遇到的难题远不止设计端的"神仙打架"那么简单。从工业遗存的保护、加固、维修，到器械的防腐、土壤的治理，这些都严重制约着建设的速度，经常令专班的人焦头烂额，甚至连项目名称的叫法都曾引发过一场小小的风波。起初，该项目叫作"杭钢遗址公园"，结果杭钢集团方面不乐意了，专门给杭州市运河集团发文，表示"我们公司还在，并未倒闭，怎么能叫遗址？"这才改成了现在的名字。这些插曲，当时或多或少给建设方造成过困扰，但回头来看，却成为运河人津津乐道的谈资，就像父辈聊起当年杭钢建设、祖辈说起西湖民间故事一样，最终都会沉淀为城市的集体记忆。

新城北区域
价值嬗变

相比京杭大运河博物院、杭钢旧址公园这两个重头项目，同样经历了一波三折的中央景观大道，2022年就率先亮相。这个从上一轮城市设计中保留下来的标志性项目，其理念来自纽约的高线公园，形式则借鉴了巴塞罗那的兰布拉大道。新方案修正了原稿中将平炼路东西拉直这样简单粗暴的做法，从而避免了沿线工业遗存被从中间一切为二的情况。优化后的中央景观大道犹如一条灵动的飘带，拴在城北的腰间，将两千年的运河文化、半山文化和近百年的工业文化串联成一个整体。与中央景观大道一同面世的，还有小河公园。小河公园位于石祥路以南，由国际著名建筑师隈研吾团队操刀，面积不大，之所以拖到大运河国家文化公园营建时才动工，主要是因为小河油库的搬迁整整花了十年。又一个十年磨一剑的项目。城市建设、旧城改造，有时候真的急不来。

▲ 小河公园工程项目现场

▲ 中央景观大道现场

▲ 建设前的平炼路（摄影：子夷）

目前，除了大运河未来艺术科技中心和由余杭区负责的生态艺术岛外，其余地标项目都已陆续开工建设。其中小河公园与中央景观大道虽然前期工作耗时较长，却是十大标志性项目中最早完工的。届时，大城北地区的基础设施将明显改善，人居环境也有望得到巨大提升。到2023年，

杭钢旧址公园的公共空间投入运营，特别是大运河滨水公共空间全线贯通后，大运河国家文化公园（杭州段）就算基本建成了，运河两岸23千米的山水景观空间也将随之重塑。过去，运河边的景观带就是一排纯绿植，加上中间一条一米左右宽、蜿蜒曲折的游步道，便是人们全部的活动空间。未来，这种"只能看、不能玩"的岸线景观将被漫步道、跑步道、自行车道等"三道"所取代。运河两岸在经历了1.0时代的生产岸线，2.0时代的景观岸线后，正在迎来3.0新时代的生活岸线。这或许也是该标志性项目不叫"运河景观带"，而叫"滨水公共空间"的缘故吧。

▲2021京杭对话主会场——大运河音乐公园（摄影：余文华）

当然，最令人期待的还要数京杭大运河博物院了，但那得等到2025年。届时，包括博物院、大运河未来艺术科技中心在内的最后一批标志性项目将全部建成并投入运营。城北运河在经历了明清时代作为商贸中心、新中国成立后作为工业中心之后，将彻底蜕变为杭州重要的艺文生活高地。

夕阳西下，人们或是在运河边的滨水公共空间里闲聊戏耍，呼吸着从历史深处吹来的风，或是游逛在中央景观大道上，回忆那激情燃烧的岁月……即便是最古板的老杭州人，对城北的观感也将为之一变，就像如今的上海人看待浦东那样。这既是颁给城市建设者的功勋章，也是区域价值嬗变的有趣之处。城北，已经不是老杭州人熟悉的那个城北了。

▲活化流淌伴生的文化

▲展现遗存承载的文化©TLS景观设计事务所

▲杭钢旧址公园筒仓与运煤廊改造效果图©成都市家琨建筑设计事务所

京杭大运河博物院：悬停在大河上的中国书法

建馆缘起

　　京杭大运河自北蜿蜒而来，流经千里沃野，历经十数个王朝，烟波水汽润育大地，不息之流泽被苍生。来自赫尔佐格和德默隆事务所的项目总监董临熙在武林门码头登上一艘小船，顺大运河北溯。初夏的阳光已经有些炙热，好在甲板上有浩荡的风。过了拱宸桥，河面更加开阔，摆脱了城区的包裹，运河开始显露其野性的一面。董临熙站在船头，远眺三里洋码头，那片被大运河、杭钢河、姚潭漾河环绕的土地，就是即将营建京杭大运河博物院的案场。

▲ 京杭大运河（杭州段）（摄影：鲍小红）

▲ 京杭大运河博物院效果图©HERZOG & DE MEURON

这是2019年6月的一天，杭州市运河集团的青年建筑师顾少波陪同董临熙介绍博物院项目的来龙去脉及周边基础条件，顾少波感觉到了博物院项目最近的提速，而且视野高度开阔，令人振奋。

自从中国大运河在2014年第38届世界遗产大会上作为文化遗产成功入选《世界遗产名录》，成为中国第46个世界遗产之后，杭州市就开始谋划进一步挖掘千年运河文化，体现活态运河价值。此时距离杭州提出要在城北再建一个以运河为主题的博物馆这一要求，已经过去了好几年。

2019年初，京杭大运河博物院项目有了实质性的进展。2019年2月，中共中央办公厅、国务院办公厅根据2017年6月4日习近平总书记就大运河文化带建设作出"大运河是祖先留给我们的宝贵遗产，是流动的文化，要统筹保护好、传承好、利用好"的重要指示精神，印发了《大运河文化保护传承利用规划纲要》。在此背景下，杭州市运河集团要求必须把京杭大运河博物院打造成世纪精品、传世之作。

自此，京杭大运河博物院的建设真正拉开大幕。

全球竞标

京杭大运河是世界上里程最长的人工河，源远流长，规模浩大，举世无双，被誉为人类历史上最伟大的工程杰作之一。它连通了流域中的人民和他们的思想，更连通了中国悠久的历史和繁荣昌盛的未来，见证了贸易的繁荣和城市的兴起。悠悠河水承载了交流、文化、工业、发明和智慧的多元故事。这条河流是东方智性与道器精神的缩影，体现了中华民族对自然世界的深刻理解和流淌在民族血液中的远见、创新、勇气和决心。

如果用博物院来浓缩展示这样一条河流的前世今生，凝结出它的精神，那么，这个博物院应该是什么样子？

▲京杭大运河博物院工程现场图（摄影：停香）

顾少波较早被抽调到博物院项目，自从集团明确了开启博物院项目全球征集设计方案之后，经过广泛的调研，主动对接全球数十家著名建筑事务所，得到了众多事务所的响应，"鸟巢"的设计单位赫尔佐格和德默隆事务所也是其中之一。

赫尔佐格和德默隆事务所参与竞标，一方面是出于对展现京杭大运河千年历史的博物院项目的浓厚兴趣，另一方面，事务所之前在杭州有过项目，对杭州有深厚感情。本来按照赫尔佐格和德默隆事务所的行事风格，他们很少参与概念性方案设计竞赛。赫尔佐格和德默隆事务所作为2001年"建筑界的诺贝尔奖"——普利兹克奖的获得者，当年的普利兹克奖评委主席J.卡特·布朗（J. Carter Brown）曾评价他们："历史上难以找到其他任何建筑师，可以运用如此伟大的想象力和精湛的技艺去处理建筑外观。"最终赫尔佐格和德默隆事务所带着固执和骄傲同意参加这次方案设计竞赛。

▲雅克·赫尔佐格（Jacques Herzog）和皮埃尔·德默隆（Pierre de Meuron）
©HERZOG & DE MEURON

于是就有了文章开头那一幕，赫尔佐格和德默隆事务所委派设计总监董临熙前来现场考察。值得一提的是，董临熙祖籍绍兴，他的爷爷董希文年轻时在杭州求学，是杭二中的学生。1952年，董希文用两个月的时间创作出革命历史油画《开国大典》，深受毛主席赞誉。董临熙这次踏勘项目现场，也算是追寻旧迹，故地一游了。

经过严谨的招标程序，历经两个半月的准备，2019年11月中旬，最终入围的三家单位的方案陆续完成。这些方案可以说集结了全世界最顶尖的建筑师的智慧，而这些智慧结晶所汇聚的能量，却也成了考验杭州市运河集团审美眼光和技术能力的课题。能否从中选出在专业领域和普通民众中都能得到青睐的作品？能否在眼前一亮和经久流传之间实现平衡？这也是对眼界、魄力和胆识的挑战。

▲赫尔佐格和德默隆事务所的方案©HERZOG & DE MEURON

▲扎哈·哈迪德事务所的方案©Zaha Hadid Architects

▲戴卫奇普菲尔德建筑事务所的方案©David Chipperfield Architects

　　2019年11月底，最终入选的三家事务所各自提交方案参与评标。这三家事务所在全球赫赫有名：赫尔佐格和德默隆事务所，代表作品有北京国家体育场、德国汉堡易北爱乐音乐厅、英国泰特现代美术馆；扎哈·哈迪德事务所，代表作品有广州歌剧院、北京大兴国际机场、意大利国立二十一世纪美术馆；戴卫奇普菲尔德建筑事务所，代表作品有良渚博物院、德国新博物馆和詹姆斯·西蒙画廊、德国现代文学博物馆。

　　这三家事务所结合自身对大运河文化的不同理解，提出各自设计的视角，为京杭大运河博物院雕琢出轮廓。

　　与之相对应，杭州市运河集团也组织了阵容强大的评审委员会：全国政协原常委、中国文学艺术界联合会原副主席、中国美术家协会名誉主席靳尚谊；中国科学院院士、同济大学教授郑时龄；中国美术学院原院长、中国美术家协会副主席许江；中国工程勘察设计大师、浙江大学建筑设计研究院原院长沈济黄；中央美术学院设计学院院长宋协伟；浙江大学求是特聘教授、建筑工程学院副院长吴越；浙江省博物馆学会理事长、浙江自然博物院院长严洪明；综合艺术策划人、艺文中国联盟及天安时间当代艺术中心创始人翁菱。

2019年11月17日，在祈利酒店文化中心，概念性方案评审会正式开始，较量也由此开始。

三家事务所的设计方案在屏幕上发出绚烂的光彩，一张张效果图划过，三大事务所打开了展示自己的创意与设计的大门。

"毫无疑问，赫尔佐格和德默隆事务所的设计是最夺目的，"顾少波回忆，"那种直观的力量，建筑本身散发的光彩，堪称无与伦比。"

作为博物院项目的项目设计管理人员，顾少波本来对扎哈·哈迪德建筑事务所和戴卫奇普菲尔德建筑事务所也充满期待，"因为扎哈·哈迪德事务所一直以创新的效果闻名"，而戴卫奇普菲尔德建筑事务所的设计则充满了隐喻。

京杭大运河　　THE GRAND CANAL

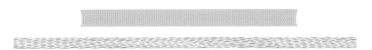

映照运河的博物馆　　THE HOVERING PIECE REFLECTING THE WATER

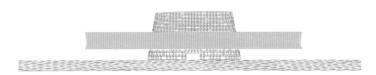

依山面水　　WATER IN THE FRONT, MOUNTAIN IN THE BACK

功能构成　　PROGRAM ALLOCATION

▲赫尔佐格和德默隆事务所的京杭大运河博物院设计概念©HERZOG & DE MEURON

赫尔佐格和德默隆的知觉直达

大运河畔的祈利酒店，三家事务所分别派出了项目团队来现场宣讲方案。赫尔佐格和德默隆事务所最后一个出场，第一页PPT投影到屏幕上，会场的角落里发出了几声轻轻的惊叹。

▲ 京杭大运河博物院效果图©HERZOG & DE MEURON

那是一条悬浮在半空的"运河"，蓝色的琉璃立面比天空更深一些，如同镶嵌在天幕的一块宝石。"运河"的波浪、河畔的树木和远处的白云映照在水晶般的琉璃上，优雅弯曲的琉璃立面看上去轻灵透亮，上下留白是城市新空间、新景观，寓意着运河两岸壮丽的风景和无限可能。上半部分的空中花园和下部分开阔的城市客厅创造出了丰富多彩的城市空间。

它矗立在那里，显得那么不可思议却又理所当然。

董临熙用标准的普通话翻译着赫尔佐格和德默隆事务所代表高级合伙人安德烈亚斯·弗里斯（Andreas Fries）的阐述：摒弃复杂的图像隐喻、历史文脉的呈现和对符号的追求，回归建筑本体，研究材料和建构的可能性。赫尔佐格和德默隆事务所在理性和感性之间寻找到一条清晰的路径。

赫尔佐格和德默隆事务所两位建筑大师有着令人惊讶

的相似背景，1950年出生于瑞士巴塞尔，7岁时上了同一所小学，升入同一所中学，进入同一所大学，同时毕业于瑞士苏黎世联邦理工学院建筑系。这为他们两人以后的默契合作奠定了基础。老师们曾告诉他们："应该忘掉社会学，回到建筑本身。"这对他们产生了很大的影响。

在他们的设计中，建筑展现出自身的美感，露出一种全新而纯粹的面貌："穿越了意识，穿越了文脉和文化的层叠，直接抵达知觉。"

具体到博物院项目，因为西湖、群山、钱塘江和大运河塑造了杭州这座风景秀丽的城市，所以建筑布局以杭州的自然特征为基础，旨在通过自然景观和建筑景观的结合来创造一种当代新景观。

"依山面水"是中国几千年来对于人与建筑以及自然环境和谐统一的经验总结，京杭大运河博物院的地块位于大运河与杭钢河的枢纽交汇处，三面环水的地理位置使得"水"无疑成为此次设计的核心和起点。

▲ 京杭大运河博物院项目总图©HERZOG & DE MEURON

面朝大运河水道，靠近新的城市主干道，高耸的塔楼综合体以山的抽象形式坐落在基地的东面，其中，博物馆和运河国际文化交流中心根据具体需要竖向分层布置。在地面

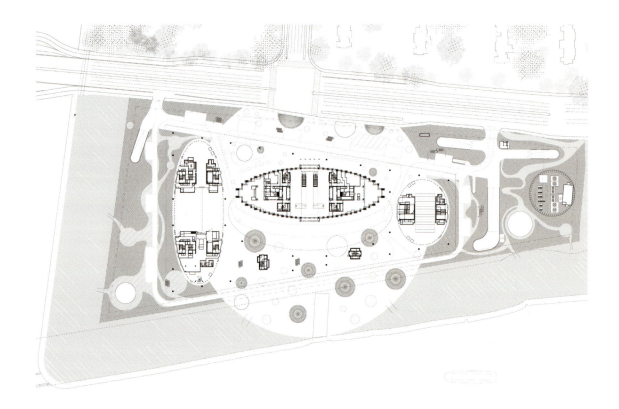

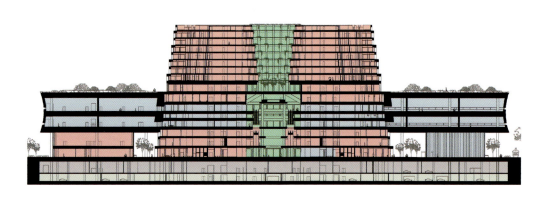

博物馆	●	MUSEUM
文化交流中心	●	CEC
公共大厅	●	COMMON LOBBY
后勤	●	BOH
停车	●	PARKING

▲京杭大运河博物院功能分区剖面图©HERZOG & DE MEURON

▲ 京杭大运河博物院广场效果图©HERZOG & DE MEURON

层，一个贯通东西方向的入口大厅与"山"相交，将城市与大运河相连。博物馆自身成为基地的中心，高高抬起，悬浮半空的博物馆腾出了其下的地面空间，让额外的功能和使用拥有多种可能，同时保证了公共空间在视觉上和实体上的通透性，运河沿岸与新兴的城区在此交汇。博物院周围的大型绿化空间将扩大并延伸运河沿岸树木覆盖的绿色长廊。整个博物院因此将成为杭州历史城区与未来新中心之间、大运河南北轴线与东西向发展计划之间的纽带。

　　未来，展览、交流、庆祝、会议在此交汇于一处，就像千年来的大运河畔一样繁荣兴旺。

　　与会专家提出了各自的意见和建议，同济大学教授郑时龄讲了一个故事："在法国罗纳河和索恩河交汇之处，有一座法国里昂汇流博物馆，它的独特之处在于它建造在两河交汇时形成的半岛上，设计理念充满未来感——通过建筑物对半岛加以整合，凭借'水晶'和'云'的交融，成为来自南方的到访者进入里昂时的一处与众不同的大门，当之无愧成为耀眼的地标建筑，同时也成为里昂城市发展的新起点。"

▲ 法国里昂汇流博物馆

▲ 京杭大运河博物院广场·市民空间效果图©HERZOG & DE MEURON

　　郑时龄院士所要表达的是，京杭大运河博物院与汇流博物馆类似，也是一个"无中生有"的博物馆，需要设计团队展现强烈的未来感，在打造城市的文化地标的同时推动城市向前发展。

　　杭州市运河集团有关负责人评价："赫尔佐格和德默隆事务所的方案呈现了'飘'在空中的博物馆，在全世界范围没有重复案例，符合大城北文化标杆的要求（大师、作品、文化地标）；同时它还在运河边创造了底层广场空间，建筑立面呈现出波光粼粼感，与大运河遥相呼应，建筑夜景将会非常现代、时尚，未来一定能成为运河夜游吸引人的标志建筑；最后它在空间设计上也提供了博物馆未来的可变化性。"

　　评审委员会投票结果揭晓，8票选择赫尔佐格和德默隆事务所的方案，这是一个压倒性的优势。2019年12月3日，杭州市运河集团正式确定赫尔佐格和德默隆事务所为中标单位，正式启动合同谈判并开始深化方案设计。

理想与现实的碰撞

来，厂区建筑的每一个角落都在叙述着历史的宏大和现实的萧瑟。

本来还在修旧如旧和应保尽保之间为难的李雪波，为了让这些老建筑尽可能保留历史面貌和记忆，决定放弃修旧如旧的简单方案，而尽可能让这老建筑保存下来。不管是从经济性还是项目建设难度来说，后者的代价都要大很多。

厂丝仓库后来被改建为祈利酒店，就是京杭大运河博物院全球概念性方案竞赛评审的地方。李雪波说，如果有一天这里不做酒店了，开放作为展览空间的话，切开建筑后从建筑的横截面中，人们依然能看到原有建筑的骨架和楼板。在这个项目中，李雪波深刻明白优秀的建筑对于城市的意义：如同激流中扎下的船锚，锁定了一面历史的切片。

▲厂丝仓库现在已改为运河祈利酒店（摄影：子夷）

几个月之后，时任杭州运河集团投资发展有限公司常务副总经理的李雪波被任命为京杭大运河博物院项目的总负责人。李雪波多年从事建设工程管理工作，具有丰富的项目管理经验。在2011年的时候，他接到了国家厂丝储备仓库的改建提升任务。这个位于大运河东侧、建于20世纪50年代的建筑，是杭州市当代工业遗存的代表性建筑之一，见证了新中国成立之初杭州人民热火朝天的生产热情，烙印着新中国手工业艰辛创业的历程。

李雪波所在的投资发展公司，涉及业务多元，既有学校、公租房等民生配套建设项目，也有酒店、地产开发、投融资等方面的业务，还有桥梁、道路等市政项目。京杭大运河博物院项目涉及博物馆、酒店和文化交流中心等多个业态，李雪波正是因为项目之前的管理经验丰富，所以才被调任至博物院项目组承担主要负责人的工作。

"使命光荣，压力巨大。"李雪波说。

▲1999年左右，大兜路国家厂丝储备仓库入口（摄影：章胜贤）

随着设计方案的不断深化，追求美学效果和极致细节的赫尔佐格和德默隆事务所的设计理念与国内规范产生了矛盾。李雪波发现，"悬浮在空中"的博物馆，其消防疏散方案无法满足中国的防火要求。对于建设单位而言，建筑的安全性是一条不可触碰的红线，否则再绚丽的外观效果、再精巧的设计构思，都会变成无本之木。

根据运河综保工程"还河于民、申报世遗、打造世界级旅游产品"的三大目标，杭州市运河集团在2011年启动了厂丝仓库的修缮整治工作。李雪波第一次来到位于大兜路核心部位厂丝仓库时，诧异于在杭州如此核心的地块，还有着一片立于遍地荒草的旧厂房。夕阳从运河照射过

但是对于赫尔佐格和德默隆事务所来说，欧洲的消防规范与国内存在较多的差异，同时他们认为疏散方案的调整会破坏悬浮博物馆的建筑立面美学效果。

"碰撞很激烈。"李雪波说，"从美学效果上来说，他

▲京杭大运河博物院广场效果图©HERZOG & DE MEURON

▲ 京杭大运河博物院空中花园及山形塔楼立面效果图©HERZOG & DE MEURON

们非常坚持；从合同履约上来说，他们不改也没有责任。但对于项目建设而言，符合国内消防规范是必须的。"

这个问题的背后是设计理念的差异，解决它需要一些智慧和勤奋，有时还需要一些小小的时机。李雪波率领团队首先逐条查询和研究国内的相关防火规范，选取相关的内容整理成文本，提出了一版清晰明确的修改意见。在此过程中。李雪波多次组织视频会议与赫尔佐格和德默隆事务所展开激烈的讨论，强调消防安全的重要性。经李雪波团队据理力争，外方表示会进一步研究。

2020年上半年随着新冠疫情加重，团队成员工作会议时都带上了口罩，在视频连线会议的时候，对方觉得很好奇，为什么中国团队都戴着口罩？李雪波说："我就见缝插针地说，我们这里该戴口罩的戴口罩，该隔离的隔离，都是以人为本，和我们国家高度重视消防安全是一样的。"

"到了5月份，欧洲疫情严重程度远超国内，他们也陆陆续续戴上了口罩，办公也不在一起了，"李雪波说，"大部分人开始居家办公，我还听见鸟的叫声。"

▲京杭大运河博物院大厅效果图©HERZOG & DE MEURON

中国对疫情的控制力度和在抗击疫情中获得的成绩，让赫尔佐格和德默隆事务所加深了对中国以人为本、安全第一理念的认同，他们终于同意在悬浮的博物馆主体建筑下面增加两部楼梯，以此满足消防的要求。"他们花了很多心思，最后楼梯做得很隐蔽，正面基本看不出来。"

但更大的挑战来自建筑映水立面材料——琉璃复合板。赫尔佐格和德默隆事务所在每一个新项目当中都会应用一些新型材料：汉堡易北爱乐乐音乐厅如奔腾浪花般的玻璃幕墙，慕尼黑安联球场半透明的外壳顶棚，旧金山新笛洋美术馆覆裹着孔洞大小不一的铜板……新材料，或者说传统材料的创新运用，几乎已经成为了他们设计作品的标志。

▲京杭大运河博物院立面效果图©HERZOG & DE MEURON

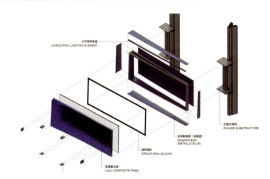

▲京杭大运河博物院琉璃幕墙示意图©HERZOG & DE MEURON

应用在京杭大运河博物院映水立面的琉璃复合板，每块长2.5米，宽1米，厚度从5厘米渐变到13厘米，每块重达450千克左右，就是靠这样的8000余块琉璃，演绎出了悬浮在空中的河流，犹如印嵌在天幕中的蓝宝石。

而在此之前，琉璃材料在国内从来没有被应用在建筑外立面上，更别提这么大尺寸和这么大重量的琉璃。"你见过琉璃的佛像、小屏风这些琉璃工艺品吧？"李雪波指着办公室的大门说，"见过像门这么大的单块琉璃板吗？"

杭州市运河集团找到浙江大学材料科学与工程学院院长韩高荣，希望这位国内最顶尖的新型节能镀膜玻璃专家能够提供相应的学理研究和帮助。听到团队的要求，韩高荣的助手刘涌教授第一反应是："不可能。"

"不可能怎么行？"李雪波说，不但要可能，还要实现三大目标：第一是美观性，要符合设计单位的设计意图；第二是安全性，这个产品目前还没有国家标准，这是一种创新的材料运用，必须保证琉璃自身的安全以及施工安装的安全；第三是经济性，"在可研批复过程中，发改委对琉璃价格进行了限价，通过研究后价格成本必须可控"。

"琉璃外墙是这个项目的精髓，现在这个项目各路专家和各级领导都看过了，公告新闻也都宣发了，没有不可能，要全力以赴把它完美地呈现出来。"材料就是内容本身，大学学习材料科学的杭州市运河集团负责人再次拜访了韩高荣，经过深入交流，韩高荣教授团队认为老材料新技术的研究非常有意义，决定迎难而上。

根据国家规范，外墙玻璃必须经过钢化，而设计要求的10厘米左右且不等厚的琉璃板材，按照现有的技术无法实现钢化。"物理钢化要把玻璃加热到一定温度后迅速冷却，玻璃表面急剧收缩，中层冷却较慢，来不及收缩，形成张应力。"刘涌老师解释，"10多厘米的厚度，加热就裂了。"

▲ 琉璃抗热抗震试验样块（摄影：刘涌）

而琉璃板材不经过钢化，又达不到幕墙规范使用要求，这不就是一对不可调和的矛盾吗？韩高荣教授大手一挥："先研究起来。"

经过韩高荣教授团队和建设单位的不懈努力，到2022年上半年，琉璃研发工作有了很大的进展，实验室完成了基础琉璃配方的中试试验和成型工艺的放大试验，申报了三件与琉璃配方设计和制造工艺相关的发明专利（其中一件已授权），完成了产品标准的讨论稿。2022年4月，市运河集团组织浙江大学、中国工程建设标准化协会、浙江省建筑设计研究院相关人员和专家召开琉璃团标编制组第一次工作会议。目前团标已报送标准管理单位召开专家评审会。

▲ 琉璃视觉样板（摄影：李林）

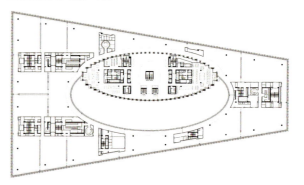
▲ 博物馆平面布局©HERZOG & DE MEURON

▲ 玻璃铸件第一轮外观小样©HERZOG & DE MEURON

▲ 京杭大运河博物院多功能厅效果图©HERZOG & DE MEURON

"琉璃材料应该说有了一些突破,前景是很乐观的。"李雪波说。

建筑方面的问题硬碰硬,李雪波始终保持着积极乐观的态度向前推进,但是另一方面,博物院一旦建设起来,里面展什么,怎么展,他对这两个问题却一直心里没底。"展陈的问题一直深深地困扰着我。"

在接到负责博物院项目的任务的时候,李雪波就向集团领导表达了自己的顾虑:"要说搞建设,再艰难,我也有信心完成,但是关于博物院的展览、运营,我还真是没有这方面的专业背景。"

李雪波说,杭州市运河集团之前也建设过博物馆项目,如中国刀剪剑博物馆、中国伞博物馆,但是策划大纲是浙江大学考古与文博系提出的,这些博物馆一方面规模较小,另一方面建完后,其运营也移交给了园文局,严格来说,杭州市运河集团只是投建方,并没有深入涉及博物馆的全生命周期建设及其专业的运营领域。

▲ 京杭大运河博物院展厅环形走廊效果图©HERZOG & DE MEURON

实际上,杭州市运河集团也在思考,应该如何实现"文化传承、文旅融合""与扬州市建设的中国大运河博物馆形成差异化发展""把大城北核心示范区京杭大运河博物院项目建成体验式博物馆"这三个目标。

展陈的突破

▲ 京杭大运河博物院展厅过渡空间效果图©HERZOG & DE MEURON

2021年3月，曾经在杭州市运河集团长期从事行政工作的朱烨威加入博物院项目，担任博物馆部负责人。朱烨威的父母长期从事博物馆相关工作，也许就是出于这一层原因，集团领导找他谈了话，"希望能在展陈策划上有所突破"。

实际上，朱烨威有点"蒙圈"，在此之前，他对于博物馆的业务几乎一无所知："刚开始我连什么是展陈大纲也不知道。"

好在国内知名大学文博系教授带领的团队此前已经出了一稿展陈大纲。大纲内容翔实、条分缕析，对京杭大运河按照历史时间线作了多维度、多侧面的解读。

▲ 京杭大运河博物院展厅效果图©HERZOG & DE MEURON

对于博物院团队来说，这是一份宝贵的文本，囊括了运河的方方面面，但遗憾的是，其展陈策划需要大量的文物展品来进行支撑，这对于零文物藏品基础的京杭大运河博物院而言是一个巨大的难题。同时，走传统文博类场馆的路子难以使京杭大运河博物院在众多大运河主题博物馆之中

脱颖而出。"我们现在一件文物也没有。"李雪波说。

按朱烨威的理解，既然要以建设文旅目的地为主要目标，旨在打造"沉浸式、体验式、互动式"的创新型博物馆，那么京杭大运河博物院的挑战就是如何在没有大量珍贵文物展品的前提下讲好运河故事。"进入我们的博物馆，就像是进了电影院，"他说，"在两个多小时的观展过程中，用一条完整的故事逻辑链条锁住观众。"

经过数月的磨合修订，朱烨威带领博物馆部五六个"95后"，与包括 Baker Langham、Imagemakers 等近十家全球知名的博物馆设计策划公司共同努力，向集团提交了重新梳理叙事逻辑后的展陈大纲，获得了集团领导和相关专家的认可与好评。

▲ 京杭大运河博物院展厅效果图©HERZOG & DE MEURON

根据这个叙事逻辑，我们可以大致畅想一下未来的京杭大运河博物院：在1.4万多平方米的展陈空间中，参观者将收获真实的惊喜，了解到运河与自身息息相关的命运。

作为社会性教育机构，不同年龄段的学生和游学团体将在博物院享受丰富多元的教育资源；作为艺术文化活动中心，杭州及杭州周边市民将在此获得休闲娱乐体验；作为文旅目的地，博物院会成为游客在杭州旅行的重要一站。

在京杭大运河博物院，观众并非简单地观看展览，而是将成为故事和环境的一部分。虚拟的数字信息和真实的展品共同营造出沉浸式氛围，使观众可以在高科技手段的辅助下，享受故事和展品的互动，被多感官、戏剧化的呈现方式充分吸引。

整个展览将邀请观众行走在运河之上，从而使其更深

刻地感知中国。在一段奇妙的时空之旅中，京杭大运河拨开历史迷雾，向观众展现出流淌千年的律动。

在这段旅程中，观众会遇见一些有趣的人物，他们本来已经湮灭在历史的长河之中，但是在京杭大运河博物院，展览赋予了他们新生。他们从故纸堆中走出来，化为实体，用一生的经历向观众叙述运河往事。

这些人可能是沿着运河下江南的乾隆皇帝，也可能是盘查盐票、路引的普通兵丁，他们的命运和大运河息息相关。在某些展览章节里，观众也许会领到一个角色，体验

▲ 京杭大运河博物院中庭效果图©HERZOG & DE MEURON

一次太平盛世的繁荣或是兵荒马乱的惊险。

　　"这不是一个常规的博物院，但一定是一个精彩的博物院。"朱烨威说。

　　京杭大运河博物院，作为大城北示范区十大项目之首，将对整个示范区的建设起到推动引领作用。

　　为进一步推动创新型博物馆建设，京杭大运河博物院项目联合中国美术学院共同组建策展团队，全力推动展览

内容文本的深化工作。但如何与中国美术学院这样国内顶尖的艺术学院策展团队联手打造出影响力广、普适性强、通俗易懂的展览成了眼下需要克服的难题。策展团队有信心在双方的共同努力之下，创作出能够激发不同年龄层观众参观兴趣及共鸣的优秀作品。

　　目前，京杭大运河博物院已经顺利开工。

　　流动带来了流通，流通促进了交换，交换衍生了交流，交流达成了共识，共识造就了命运共同体。从古至

▲京杭大运河博物院空中花园效果图©HERZOG & DE MEURON

今，京杭大运河以物资流通、人员流动和信息交流为引，推动了商业发展、文化融合以及科技进步，维系了民族团结和国家统一，见证了多元一体的华夏文明绵延不断，勾连了中华民族与世界的交流。

杭州是京杭大运河的南端起点，两千多年间，华夏文明、中国治理依托这座城市得到不断革新式的发展。如今，杭州更是承担着数字化改革、成为科技创新策源地的使命，大运河新城的规划建设加速了属于全球命运共同体的历史性万物互联，展现了京杭大运河最南端的时代梦想。

京杭大运河以古老的文明、当代的价值，始终启迪着未来的发展，彰显了中国智性和中国创造。生生不息、通济万民的京杭大运河作为中国与世界交流的重要纽带，以进取、传承、包容、开放的姿态，立体化地呈现了中国秉持合作共赢、和谐共生的理念谋求和平发展的国家形象，是世界人类命运和理想之河。

杭钢旧址公园：未来对历史的邀请

▲ 旧时杭钢掠影（摄影：阿刚）

2021年6月的一天，夏至刚过，杭州城北半山天祥大道和金昌路交叉口的辰祥公司——原来这里是杭钢供应处的大楼，现被稍作修缮，作为杭钢旧址改造工程的指挥部。看似巧合，其实很有寓意。

以前杭钢的供应处是出入杭钢的第一道窗口，就像两只手，一边将外面的铁矿石和煤等物资拿进来，供应给各个生产单位；另一边又把生产好的各种钢材送出去，供应给社会。按今天的话说，杭钢供应处承担了采购和销售的两大功能，统称为供应。如今，就是在杭钢的窗口和双手的位置，又要开始旧址改造的谋划与实践，怎能不让人感慨万千。

时任辰祥公司负责人的吕震和章进都是土生土长的杭州人，当他们聊起半山马岭山、高炉焦炉、杭钢河，笔者感到既熟悉又陌生，熟悉的是过去，陌生的是未来。

▲ 杭钢平面示意图（图自《杭钢志》1985年版）

马岭山记忆

大约三十多年前，笔者考入杭州高级中学，突然想回厂里勤工俭学，想让儿子专心读书的父亲非常不情愿地帮忙联系了焦化分厂，安排笔者去那里浇花。焦化，浇花，倒是挺合适的。笔者的父亲以前在焦化烧结车间干过，那里是将煤块脱焦成为焦炭，再送到高炉炼铁的地方。这个过程中间产生的含硫气体对人的损害很大，所以父亲让笔者去绿化办打杂，主要的任务是挑粪，每天从一座小山下的化粪池挑到山上，浇菊花秧子。

三十多年过去了，又是一个夏天，笔者再次来到杭钢旧址对综保改造进行采访工作，才知道那座金瓶似的小山叫马岭山。

▲俯瞰马岭山（摄影：停香）

其实，当年挑粪浇花看似是一个小事，但对焦化分厂甚至对整个杭钢总厂来说，却不能算是小事。这些夏天的菊花秧子到了秋天盛开时就会被摆到大会堂前的草坪上，拗成各种充满时代气息的造型，供大家参观品评。还真是要评选的，除了焦化、炼铁、转炉、热带、中轧、小轧、动力、电炉等各个分厂也都得为每年一度的菊展锦上添花，辟出自己的专区比创意。记得有一年转炉就搞了一个炉子，倾倒出来的全是五颜六色的菊花，技惊四座。争妍斗丽，谁也不敢怠慢；差距太大，明摆着丢人。所以一到夏天，育苗浇秧就被提上各个分厂的议事日程了。

杭钢秋季大型菊展是除了元宵灯会之外的第二大节日。不遗余力，大张旗鼓，肯定不只是为了自娱自乐，更重要的是在于展示自身形象以及对杭州城里人的邀请。城里人为什么要跑大老远到杭钢来？看灯展，看菊展呗。而且灯展、菊展必须要比杭州城

里搞得的还要大，搞得还要有特色，人家才会来看。钢厂里的都是工人老大哥，大炼钢铁的手能养出什么样的奇葩来？这也是城里人比较好奇的地方。

大师的角落

2005年焦化车间二期开建时，征用一座连杭钢人都未必知道的小山的山脚用地，却在此挖出了一块墓碑，由马一浮自题。这里竟是马一浮家族的祖茔。1958年，76岁的马一浮在马岭山自家祖坟——"会稽马氏先茔"（这里葬有马一浮的父母等六具棺木）——旁边为自己建了一座生

▲1982年的杭钢菊展（供图：朱瑾）

圹，为的是死后能和父母葬在一起。所谓生圹，就是生前预造的坟墓。马一浮人还未死却已为自己建好了坟墓，足见其"向死而生"态度之坚决。不仅如此，他还立了一块墓碑，并撰写了一篇127字的《自题墓辞》。

▲杭钢遗址内的马一浮先生墓碑

1958年，马一浮先生建生圹并自题墓辞，而在一年前的1957年，杭钢开始建厂。两件事情就这样一前一后地交叉在了一起。

据马一浮侄子马镜泉《马一浮先生年谱》记载，1967年，85岁的马一浮先生因胃大出血送浙江医院，住治数月后，与世长辞。虽马一浮生前有交代，遗体欲葬于皋亭山先茔之侧，并早已预制自己身圹，但终未能达成生前的心愿。

▲一代大儒马一浮先生，引进《资本论》德国版、英文版的中华第一人

"文革"期间，马家祖茔遭到毁坏，但其墓碑被人埋入地下保护，故能于2005年焦化二期建设时重见天日。

马一浮仙逝之后，次年葬于余杭县五常乡（现属余杭区），1989年正式迁葬于杭州南山陵园。

为了纪念这一代大儒，马岭山马一浮先茔立碑与原香樟树将尽数保留，作为"马一浮先生纪念林"向世人开放。

▲杭钢旧址公园马一浮纪念林效果图©TLS景观设计事务所

刘家琨的吴山行

杭钢旧址公园主体建筑由著名设计师刘家琨操刀，其中包括要在山脚建两千平方米的公园附属用房。怎么造？出了第一稿，简洁实用，考虑到了建筑面积的最大化，容积率达标，可怎么看都不是很满意，但也说不出原因在哪里，找不到方向。

这时，相关人士提出，吴山脚下杭州的老居民或许可以提供灵感，应该同陪刘家琨去杭州的吴山逛逛。一个城市有一个城市的性格，而杭钢马岭山和杭州城南吴山的气

▲杭钢旧址公园马岭山观景台效果图©TLS景观设计事务所

▲ 杭钢旧址公园纳斯球纪念园效果图©TLS景观设计事务所

▲ 杭钢旧址公园马岭山山脚入口建筑效果图©成都市家琨建筑设计事务所

▲ 马岭山上曾有成千上万的各种鹭鸟，到了下午三点半以后，鹭鸟就会在厂区的天空盘旋（摄影：阮晓）

味很像。吕震陪同刘家琨从大井巷环翠楼上山，在山间的亭子里坐了一会儿。天下了一会儿雨，后来又停了。设计师在亭子里抽了两根烟，什么话也没说，一直到下午五点半天色暗下来。吕震说："刘老师，我从小在附近的涌金路长大，每天山上山下地玩，这里是杭州最市井和有烟火气的地方。"刘家琨慢慢地说："这里和成都真有点像，我知道了。"

▲ 杭钢旧址公园筒仓、运煤廊剖面图©成都市家琨建筑设计事务所

当天晚上，刘家琨就回了成都。不到一月，第二版修改方案来了，吕震一看，眼睛一亮，他能够感觉到刘家琨对生活的悟性非常强，对环境的感受力也很敏锐，有一定的文化气质。第二版方案借鉴大井巷道路与山边建筑之关系，做聚落式建筑，随物赋形。

筒仓酒店有三十多米高，原是放煤所在。原煤通过焦化，化成焦炭，输送至高炉炼铁。筒仓之间蜿蜒一百多米长的连廊，本已朽坏，拆下修复之后将重装。漫步连廊，东观半山望宸阁，西面可以看到杭州最美的日落。

▲ 杭钢旧址公园马岭山山脚入口建筑原方案效果图©成都市家琨建筑设计事务所

▲杭钢旧址公园马岭山观景平台效果图©TLS景观设计事务所

矿槽，乃倒铁矿石所用，现留下一排漏斗状的遗物。设计师毕竟来自成都，开玩笑说，在下面吃火锅倒挺合适，大漏斗可以排烟。矿槽餐厅处于比较中心的位置，醒目，空间规整。餐厅只是一选，此地还能够结合做一些展示，比如有关艺术的内容。餐厅可以是一个艺术馆，还可以是一个展示厅，或者一个会议场所。未来公共空间的利用必具综合性、兼容性，这是吕震的理解。

章进说，将简仓、矿槽、高炉、焦炉等工业设备转

换为能吃能住的功能性酒店餐厅民宿，难度比拆倒重建要高两到三倍，往往边设计边施工，不断地调整、优化、论证，还得注意安全性。比如在焦炉内部掏挖陈年的耐火砖，一不小心，炉体就有坍塌的危险；又比如要在老的简仓里面植入钢筋，加固，跟新结构完全契合。可以说是一事一议，没有能够参考的前例，只有逢山开路，遇水搭桥。

▲杭钢旧址公园焦炉改造剖面图©成都市家琨建筑设计事务所

▲杭钢旧址公园简仓餐厅室内效果图©成都市家琨建筑设计事务所

另外，大城北核心区块的土壤、水体治理在社会上热度与关注度都很高，杭州市运河集团为此专门成立土壤水体治理中心，目前已完成4个项目的工程、环境监理、效果

评估招标，其中，杭钢旧址公园GS1303-12/14地块在6个月内完成修复，一次性通过省生态环境厅组织的专家评审并顺利被移出污染名录。自2019年新修订的《中华人民共和国土地管理法》颁布实施后，该地块的修复是全国范围内含工业遗存保护的修复项目中完成用时最短的，同时在招标和项目实施过程中基本零投诉。

▲ 杭钢旧址公园马岭山酒店庭院效果图©TLS景观设计事务所

矗立的地标

20世纪八九十年代的年轻人都受过《钢铁是怎样炼成的》这本书的洗礼。杭钢最值得看的就是高炉，那里有着比教学楼还要高的高炉炼铁，还有转炉炼钢。

▲旧时杭钢的厂部广场花园和生活区一角（图自《杭钢志》1985年版）

▲12路公交路线，从刘文村到艮山门连接城北各大厂，承载着巨量的城市记忆，为此还诞生过一个"12路诗社"，成为大城北的文艺基因

笔者曾经带着同班同学走上高炉去参观，那是需要戴长方形的深蓝镜片才能挨着炉口看的，只一眼，那澎湃的闪亮从眼睛烙印到心脏，像是太阳里面的物质在燃烧。工业时代的记忆大多宏大而壮观。

20世纪80年代末，杭钢还没有搞旅游，绿色工业游也已经是2002年以后的事了。如果有人要参观，得凭私人关系，但参观高炉依然是件非常危险的事情，笔者之后再也没带同学来过杭钢。

2015年冬至过后，杭钢高炉熄火。杭钢设备95%以上完成搬迁，剩下三座高炉、一座焦炉，绿化地区两万多平方米厂房，马岭山地区的一个气柜和几百平方米的工业用房。

2016年6月15日，高炉一号烟囱爆破。

钢铁概念打造
山水园林

▲杭钢旧址公园工程现场图（摄影：停香）

七八年时间过去了。后来都发生了什么？

大城北是大运河的核心区块，杭钢又是大运河城北规划的重中之重。当年杭钢的选址，从市、省到中央，经过反复考虑方才定下来。杭州目前总共21个工业旧址立项，杭钢不是最大，也属规模较大。园区用地55万平方米，建筑面积48万平方米。不断有人关注这个地方，不断有利好将大城北托举起来。

2019年7月24日，习近平总书记主持召开中央全面深化改革委员会第九次会议并发表重要讲话。会议指出，建设长城、大运河、长征国家文化公园，对坚定文化自信，彰显中华优秀传统文化的持久影响力、革命文化的强大感召力具有重要意义。要结合国土空间规划，坚持保护第一、传承优先，对各类文物本体及环境实施严格保护和管控，合理保存传统文化生态，适度发展文化旅游、特色生态产业。中央全面深化改革委员会会议审议通过了《长城、大运河、长征国家文化公园建设方案》，要求2023年底大运河国家文化公园基本建成。自此，大运河文化带打造和大运河国家文化公园建设被正式提升为国家战略。

杭钢的改造是历史对未来的邀请，杭州市运河集团高度重视。

2019年10月，杭州市运河集团成立项目专班，规划杭钢旧址改造；2020年4月，专班实体化运行，同年10月，为杭钢项目专门成立了杭州辰祥工业遗址综合保护开发有限公司。未来的杭钢将会变成一个公园。那会是一个什么样的公园呢？

通过竞标，大运河杭钢旧址公园项目由成都市家琨建筑设计事务所（以下简称家琨建筑）与汤姆·里德景观设计事务所（Tom Leader Studio，以下简称TLS）联合体共同进行设计工作。

刘家琨是家琨建筑设计事务所创始人、主持建筑师，一度痴迷文学创作。刘家琨的建筑实践关注社会现实、尊重地域文脉、融入现场环境、提炼民间技艺，每一个项目的设计都试图带着现实感解决当代建筑事宜。刘家琨主持设计的作品被选送参加威尼斯建筑双年展、威尼斯艺术双年展等众多国际展览，并多次在中外重要国际期刊出版；曾获得建筑实录中国奖、亚洲建协荣誉奖、德国设计奖及UNESCO联合国教科文组织亚太地区文化遗产保护奖等多个重要奖项，并应邀在国内外多所高等院校开办讲座。

Tom Leader Studio于2001年成立于美国加州伯克利，并于2017年成立了中国上海事务所。在过去20余年的实践中，TLS不断探寻从概念、形式到设计实施的过程，致力于设计和建造各种具有实验与创新精神的项目。TLS一直坚信，好的设计必须与当地社区建立紧密的联系，才能与使用者产生共鸣。其负责设计的美国伯明翰铁路公园，获得ASLA（美国景观建筑协会）荣誉奖、ULI（美国城市土地协会）城市公共空间最高奖；斯坦福大学医学院，获得SCUP（美国高效规划协会）杰出奖。在国内，TLS负责雄安新区启动区城市设计（与SOM联合体），以及苏州狮山公园、京张铁路遗址公园、深圳湾超级总部中央绿轴与片区景观等多个标志性项目设计。

▲ 杭钢旧址公园区位分析图©成都市家琨建筑设计事务所

机场　火车站　文化遗产带　主要交通线　工业遗产带　河流

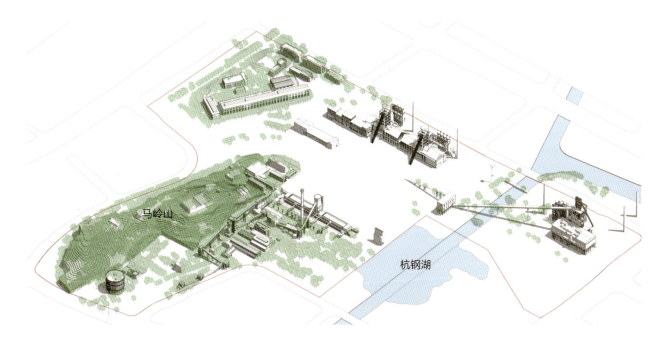

▲杭钢旧址公园工业遗存分布图©成都市家琨建筑设计事务所

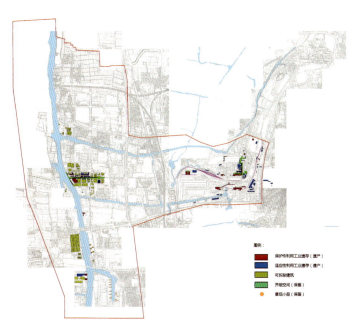

▲大运河工业遗存保护利用规划图

杭钢旧址公园将是一个国际视野下的杭州地标，以杭州特色的文化内涵体现东方气韵，以别具一格的工业遗址体现时代特色，以业态的多样性提供全面潮流的生活方式，以各类艺文事件、创新活动吸引以年轻人为主体的用户。设计师、建设者将共同谱写场地的新故事，创造一个拥有无限可能的未来公园。

公园的功能结构由四大组团构成和实现："先锋杭钢"以艺文事件为驱动力，引入与国际接轨的活动模式；"创意杭钢"以创意产业为驱动力，打造小而精的商业聚合；"生态杭钢"以休闲生态为驱动力，建立老少皆宜的休闲生态场所；"未来杭钢"以体育科技为驱动力，创造极具特色的室内外体育空间。四大组团有机融合、互相渗透，丰富未来可能性，塑造长期吸引力。

家琨建筑保留了大部分现状工业遗存，强调建筑、场地本身的精神性与文化性。TLS景观设计聚焦文化的发展与创新，引入国际视野下开放的理念和潮流的生活方式，织就未来人群的活力公园，打造"任高低曲折、自然断续蜿蜒"的景观风貌，营造趣味性的公共空间，激发新的活力，使其形成富有变化的当代活力园林。

关于杭钢旧址公园，总设计师刘家琨有四句话：珍视

独城路   Ducheng Road

储运路 Chuyun Road

康
园
路

Kangyuan Road

泊
山
路
Yanshan Road

崇
超
路
Chongchao Road

320
国
道
Highway 320

平炼路 Pinglian Road

杭钢湖
Hanggang Lake

平安桥路 Pinganqiao Road

炼铁路 Liantie Road

杭钢河 Hanggang River

▲ 杭钢旧址公园设计平面图©TLS景观设计事务所

杭钢历史，呵护岁月痕迹，谦逊衬托遗存，山水之间造园。杭钢是在20世纪50年代全民大炼钢铁运动中兴建的，是浙江省建立的第一座钢铁厂。人类工业炼钢历史大约有250年，杭钢约有60年历史，占工业炼钢史时长的四分之一，将其定位为旧址公园，珍视历史当是首则。雨水冲刷，阳光曝晒，铁水锈蚀，植物覆盖，留存建筑的立面被时间赋予了各不相同的肌理，呵护这些，就是保留当代人与时间对话的媒介。过去建筑的形式已完美自洽，新建筑应以极其谦逊的姿态，衬托、展现遗存之美，补充功能缺失；留存建筑作为"展品"控制全局，新建建筑作为"展台"谦逊衬托。尊重江南地域性和现场遗存，于山水之间营造当代活力园林。

杭钢旧址公园是刘家琨在杭州和浙江的第一个项目，他认为此地有历史，园区很特殊，他对未来公共空间的打造有着一套自己的独特理念：用钢铁的概念打造山水环链、廊塔阁桥、亭台楼榭。

20世纪七八十年代的"园"，是陈从周先生说的"园"：中国园林是由建筑、山水、花木等组合而成的一个综合艺术品，富有诗情画意。叠山理水要形成"虽由人作，宛自天开"的境界。

▲杭钢旧址公园主入口鸟瞰图©TLS景观设计事务所

总平面图
MASTER PLAN

先锋杭钢 PIONEER PARK

1　平炼路小火车站　　Tram Station
2　钢之运河入口广场　Entrance Plaza
3　净水森林　　　　　Bio-filtration Forest
4　遗迹花园　　　　　Aechiological Garden
5　活动草地　　　　　Wedding Lawn
6　高炉复合空间　　　Furnace Venue
7　游客中心　　　　　Visitor Center
8　高炉景观道　　　　Furnace Promenade

9　转运站空中花园餐厅　Garden Dinning Maison
10　落水花园　　　　　Waterfall Wetland
11　光影花园　　　　　Signal Tower Garden
12　演艺中心　　　　　Performance Center
13　夜店　　　　　　　Live House
14　艺影小剧场　　　　Art Theater
15　杭钢动力厂　　　　Great Events Lawn
16　焦槽生态火车道　　Bio-Swale/Tram
17　草地主题岛　　　　Themed Islands
18　滨湖餐厅　　　　　Lakeside Restaurant
19　钢之绿洲　　　　　Steel Factory Oasis
20　活力水岸　　　　　Lakefront Plaza

未来杭钢 FUTURE PARK

21　焦炉台地花园　　　Coke Oven Terraced Garden
22　焦炉多功能空间　　Coke Oven Venue
23　焦炉互动跑道　　　Coke Oven Run
24　空中芭蕾　　　　　Aerial Ballet
25　探索工厂　　　　　Exploratorium
26　下沉滑板公园　　　Sunken Skateboard Park
27　屋顶平台球场　　　Roof Ball Courts
28　运动庭院　　　　　Sporty Courtyards
29　社区运动森林　　　Community Adventure Forest
30　创意运动馆　　　　Extreme Sports Complex
31　运动生活馆　　　　iLife & Sports Complex
32　数媒中心　　　　　Digital Entertainment Center
33　气柜环幕厅　　　　Gasometer Panoramic Theater

创意杭钢 INNOVATION PARK

34　特色餐饮　　　　　Featured Restaurants & Bars
35　啤酒花园　　　　　Beer Garden
36　创意商业　　　　　Antique Shops & Retails
37　再生花园　　　　　Re-generation Garden
38　酒店特色庭院　　　Botique Hotel Courtyards
39　铸铁机房秘密花园　Secrete Garden
40　半山跨国道桥梁　　Bridge to Mt.Ban
41　"时光隧道"绿轴　　"Time Tunnel" Green Spine

生态杭钢 ECOLOGICAL PARK

42　管理用房和公厕　　Management Building & Toilet
43　马岭溪涧和生态池　Malin Streams & Ponds
44　花园泳池　　　　　Swimming Pool Garden
45　观鹭台　　　　　　Hang gang Overlook
46　纳斯球纪念园　　　NAS Memory Garden
47　森林栈道　　　　　Mt. Ban Overlook

1985年的一期《杭州园林》，其所载文章对亭台楼阁有一套规范的说法，沿袭了陈从周《说园》的思路，认为杭州西湖边的江南园林才叫"园"，和现代造园的概念已经很不一样。杭钢旧址公园，不再是古典的私家园林，一定是未来的一个公共空间，亦即刘家琨所谓的"当代活力园林"。这是一个新系统。文科出身又写过小说的刘家琨曾用一个诗意的句子来品评未来的新园林："蹑山腰，落水面，任高低曲折，自然断续蜿蜒。"在马岭山和杭钢湖之间将形成一条曲折且富有变化的趣味路线，它也是一条遮阳避雨的游览路径，提供环场跑道、自行车道和多视角的观光平台。

新系统继承充满先人智慧的"河姆渡干栏式建筑"，与地面轻接触，以板柱为基本元素，以平远为形式特征，以锈红混凝土为基本材质，力求以适度的分寸融入留存建

▲ 杭钢旧址公园建筑设计刘家琨手稿©成都市家琨建筑设计事务所

▲ 杭钢旧址公园悬铃木滑梯效果图©TLS景观设计事务所

▲ 杭钢旧址公园探索工厂效果图©TLS景观设计事务所

▲ 杭钢旧址公园悬铃木滑梯效果图©TLS景观设计事务所

筑。其形态对高耸而复杂的工业留存的作用是一种空间的对比和衬托，在色彩和气质上则是一种时间上的前后呼应。

传统的公园被重新定义，让更多的老百姓可以来此地休憩、娱乐、生活，这是一个公共空间的概念。工业旧址保护是整个园区的属性，要把杭钢尽可能原汁原味地还给世人。这个"还原"的概念，更多是城市有机更新的一种全新理念。

对公共空间的理解，国内国外，过去当下，都有很大的差异。上海对此的理解最为特别。上海一直在城市运营和管理方面走在全国的前列，上海的公共空间很好地体现了习近平总书记说的"人民城市人民建，人民城市为人民"。

一个好的公共空间应该是可以让百姓自由出入的场所，而不是将之排斥于千里之外；不是只能看，而是能让人参与其中、喜闻乐见的乐园。

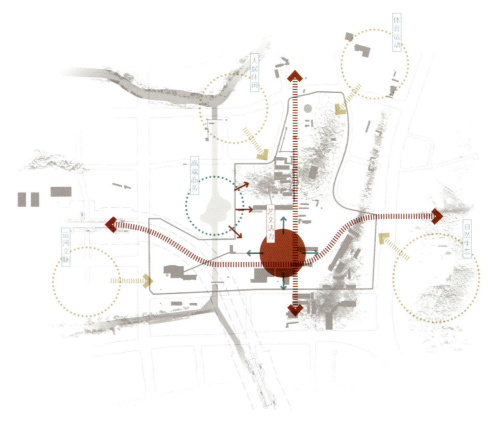

▲杭钢旧址公园规划功能分析图©TLS景观设计事务所

▲杭钢旧址公园探索工厂效果图©TLS景观设计事务所

城市文脉的温暖
与城市更新的酷炫

整个设计和运营团队都在探索打造这样一个公共空间的模式和样板。2019年5月，章进第一次来到杭钢，便感觉到这是一个自带气场的项目，富有挑战性，难度大，一定会成为未来的杭州新地标。之后，杭州市运河集团开"英雄大会"，让集团内部员工毛遂自荐，提策划方案。刚做过建德梅城严州府综保项目的章进团队提出的方案包括目标、愿景、大方向、业态打造构想、投入收支平衡可行性、对标国内外先进经验等等，由此脱颖而出。当时章进提出的一个主力业态就是中央4万平方米大草坪的公共空间，用于举办音乐节甚至还有马拉松等大型活动，可以吸引年轻人，聚集人气，兼具独特性与唯一性。

▲ 杭钢旧址公园中央草坪舞台效果图©TLS景观设计事务所

吕震2020年1月23日到杭州市运河集团，7月来到杭钢旧址公园。

他说，自从2015年杭钢半山基地关停之后，人文方面的东西正在慢慢削弱。20世纪五六十年代，杭钢作为"杭铁头"，在杭州人民心中一度掀起过热潮，起过精神引领作用。直到今天，杭钢人对杭钢的感情还是很深。吕震曾经在杭钢生活区的两千多户人家里作过一些调查，他发现，杭钢有技术的工人，离开了杭钢这个平台，就什么也干不了。因为这种技术的单一性，他们对于老杭钢存在着一种不可描述的依赖感，以及怀念和留恋。公司组织过几次老杭钢人重游园区故地，只要一来到这里，看到高炉和焦炉，很多人就都控制不住自己的感情，泪水直流。公司返聘了一位杭钢的老工人，他是原炼铁车间主任郑正福，在推进项目过程中提供了非常大的帮助。他对高炉等设备非常熟悉，项目团队爬上爬下都能跟着他。

焦炉是杭钢旧址公园中最具特色的工业遗存之一，目前保存良好，立面极具表现力，但焦炉南侧炉门与场地标高有断层，与中央大草坪难以衔接。

▲ 杭钢旧址公园中央草坪鸟瞰图©TLS景观设计事务所

▲杭钢旧址公园焦炉台阶效果图©TLS景观设计事务所

▲杭钢旧址公园2、3号高炉前广场效果图©TLS景观设计事务所

　　家琨建筑为了烘托焦炉极具序列感的立面，在焦炉前设计了长达约172米的混凝土台阶，以此凸显焦炉的特色空间与恢宏的气势。TLS认为，工业遗存需与场地进行融合设计，混凝土台阶与草坪简单的衔接较为生硬，应将中央大草坪生态景观延续至焦炉，打造起伏的景观地形、交错的园路，形成工业遗存与绿植互相包裹、生长的状态。

　　经过多次研究讨论，最终决定融合共生，保留建筑设计台阶，并将大草坪绿坡延伸至台阶，以台阶的序列感凸显焦炉气势的同时，台阶也完全融合于绿地中，使焦炉与南侧草坪形成有机整体，给人以焦炉从绿地中生长之感。

▲ 焦炉效果图©成都市家琨建筑设计事务所

▲阡陌花园意向图©北京市建筑设计研究院有限公司朱小地工作室

▲杭钢旧址公园上的音乐节（摄影：余文华）

2023年底，一期完工。2025年底，整个杭钢旧址公园将基本完工。

从高炉到焦化洗焦炉之间的4.5万平方米地面都将铺上草坪，草地下面是巨大的停车场。夜幕降临，高炉将成为一个巨大的灯塔，照耀舞台上的歌手和台下的听众，成为真正的变形金刚。在这样的夜晚，在屹立半个多世纪的两座钢铁巨人之前，要弹什么样的音乐，唱什么样的歌曲，跳什么样的舞蹈，才能让历史未来在此时此刻瞬间点燃？

一定要酷，还要炫；必须要酷而且炫。

东方气韵 + 时代特色 = 杭州新名片

杭州特色的文化内涵体现东方气韵，别具一格的工业遗址体现时代特色。
如此刚柔并济的气质，成为杭州的新名片。

The elaboration of vernacular culture and unique industrial appearance composes a landmark park.

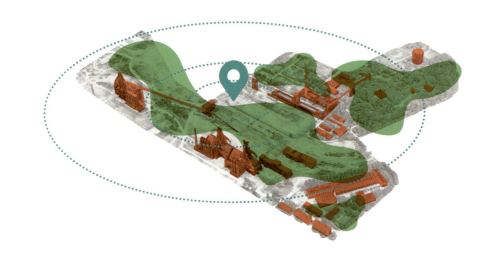

具有自我更新能力的未来公园

挖掘场地丰富时间层次，在呈现历史、过去、当下的同时，赋予场地自我更新的能力。
场地使用者、艺术家、青少年共同谱写出场地的新故事，创造一个拥有无限可能的未来公园。

While exposing the history, the past and the present of the site, the park is also self-renewable.
The future of the park is defined by its users, artists and kids, which opens limitless possibilities.

▲ 杭钢旧址公园概念分析图©TLS景观设计事务所

柔性的绿色景观重塑亲和力

以柔性的绿色景观，激活场地公共空间，消解工业遗存的距离感。
调和场地整体生态和污染问题，重塑具有亲和力的场所。

The open space of the park is an engine to revitalize the park, mediate its ecology, and make it more accessible and friendly.

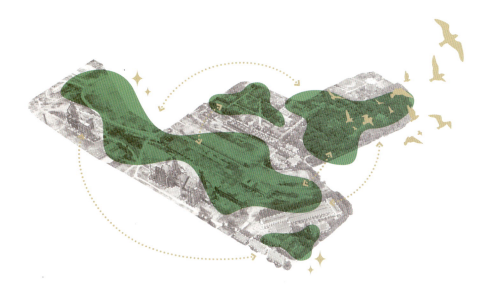

趣味的工业遗存讲述场地故事

对场地工业遗存进行重新利用，注入全新活力，突出冰冷外表下的人文内核。
展现运河文化、工业文化、半山文化，打造充满故事性的趣味场所。

The design innovations of the industrial remnants put them back alive with new blood flowing inside. The 3 cultures and stories of the site will be depicted in this brand new and fun park.

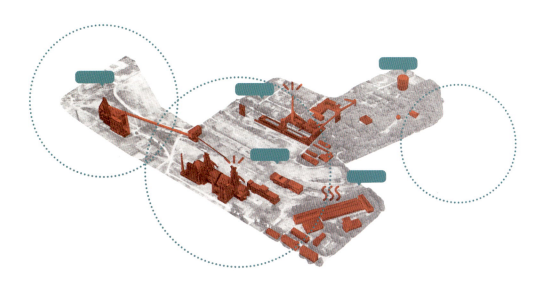

良渚文化

半山桃花

香火鼎盛

大炼钢铁

第一桶钢

以钢为纲 全面

公元前
建厂勘测时，曾多次发掘出古墓，证实四千多年前已有人类活动的痕迹。

唐代
半山（时称皋亭山）赏桃花为杭城风尚，留下优美诗篇。

宋代
宋代以来直至新中国成立，半山寺庙遍布，香火鼎盛。

1950－1960年
受到大炼钢铁、"大跃进"运动影响，浙江省决定兴建浙江钢铁厂。

1958年2月
炼铁第一车间产出第一炉铁水。
1958年5月
炼钢车间一号转炉产出第一炉钢

▲ 杭钢旧址公园文化分析图©TLS景观设计事务所

十里钢城

污染加剧

工业搬迁

文化遗产

正式停产

白鹭家园

停产留念

1985年
经过二十八年的发展，杭钢成为杭州的支柱企业之一，被称为"半山脚下的十里钢城"。

1990年
由于污染的加剧，杭州市开始整治城北工业区。

2000年
运河边工业逐渐搬迁、关停后，城北大工业区成为历史。

2014年
京杭大运河入选世界文化遗产。

2016年6月15日 14时30分
杭钢关停爆破。

2019年—
杭钢及工业区逐渐关停后，白鹭"占领"了场地，自然生态逐渐回归。

▲大运河滨水公共空间·艺境森林意向图©同济大学建筑设计研究院(集团)有限公司、SWA Group

大运河滨水公共空间：工业遗存的共生和呼应

杭钢河：
赛艇打开的水世界

▲ 水上运动基地意向图©中国美术学院风景建筑设计研究总院有限公司

▲小河上的皮划艇爱好者

杭钢的建厂是从杭钢河开始的。1957年4月2日，正处于江南好时节，这一天，浙江历史上第一个现代化的钢铁企业浙江钢铁厂（杭钢的前身）正式破土动工，京杭大运河连接工厂水运全长3150米、深3米的内河支流段（俗称"杭钢河"）开挖。正是这一天，数以千计来自各地的建设者们，人头攒动，挥镐担土，掀开了建设杭钢的序幕。

半个多世纪以后，京杭大运河连接杭钢的河流从原来的40米再拓宽一倍，作为赛艇直道。赛艇直道总长1.2千米，成为民间大师赛绝好的竞技场所。这是山水环链中最先确定的项目，岸边还有8000平方米左右的水上运动中心作为配套设施。赛艇项目虽然是很小的一个点，但是确立了整个山水区域的定义和定位，对周边会产生巨大的辐射效应。因为赛艇不仅仅是一项运动，更是一种生活方式，会给杭钢带来一种独特的品味和未来方向的引领。围绕杭钢河，也将会出现优雅的、简洁的、高效的、充满阳光的、富有"氧气"的赛艇主题社区。

赛艇可以通向未来的世界——一个流动的、灵性的水世界。

哲学家陈嘉映说，水的概念不是用来理解水，而是用来理解世界的。我们会看到世界有流动和静止之分，有滋润与灌溉的感受，如果没有水这个概念，你就很难形成这样的感受；事实上，我们是通过水的概念去理解滋润、灌溉、流动和静止的。同理，通过水的概念，我们也可以理解未来杭钢的世界。

杭钢河的赛艇是打开水世界的第一个维度，此外还有气柜潜水中心、室内游泳馆和杭钢湖游艇码头。气柜潜水

▲杭钢河与京杭大运河交界处（摄影：子夷）

▲ 气柜片区意向图©TLS景观设计事务所

中心是将平流的水立起来成为立方柱，人可以到水的深处去感受它的压力。气柜是一个很坚固的东西，以前是用来装燃气的，包括液化天然气，强度、安全度都比较好。气柜有33米高，然而不是杭钢最大的，曾经有一个更大的已经被拆掉了。之前设计事务所调研了一些潜水中心，如果把气柜设计成潜水中心，深度可达28米，将成为国内最深的潜水中心，会很吸引人。它将专业和休闲运动结合在一起，是未来可持续运营的一个项目。

然而，气柜并不是孤立的，它在未来的水世界之中呼吸。水世界有很多维度，比如水上运动，除了前面提到的赛艇，还包括潜水中心旁边600平方米的城北最大的室内游泳馆。

潜水、赛艇、游泳，水上世界开始变得完整，而这个世界的中心就在杭钢湖。

▲ 现杭钢河实景图（摄影：停香）

▲山水环链总平面图©Hassell Limited、刘宇扬建筑事务所

山水环链：
从运河到钱塘江

▲滨水慢行空间意向图©浙江省城乡
规划设计研究院、杭州中联筑境建筑
设计有限公司

▲向市民群众征询意见现场（摄影：悠小七）

　　杭钢湖，最主要的功能建设不是打造一个内湖，而是打通了23千米的山水环链。杭钢湖并不全是新挖出来的，以前就有吴家角港，属上塘河水系，杭钢建厂的时候被填掉了，成了断头河，如今重新发掘恢复，和电厂河相连，这样通过新运河、杭钢湖到电厂河，山水环链就整个打通了。

　　现在的杭钢湖在规划上已经做过几次调整，最初杭钢湖所在位置准备做一个国际会议中心，里面还会有游艇码头。因为山水已经环通，在这之间就可以开游艇：从运河到钱塘江——一条充满想象力的水路。后来杭州市认为国际会议中心的定位与其他区域有重叠，为避免重复建设，规划设计进行了一些调整，2.0版就变成了大运河数字文化科技产业园。

　　杭钢湖规划的湖中心位置还留存了一幢老厂房，里面

▲大运河滨水公共空间及水上旅游项目分布图©浙江省城乡规划设计研究院、杭州中联筑境建筑设计有限公司

▲水上生活环链意向图©同济大学建筑设计研究院（集团）有限公司

有4个锅炉，是杭州锅炉厂1979年的产品，本来计划拆除，设计方和业主方反复斟酌后，还是希望将4个锅炉保留下来。杭钢湖包括整个二期规划是由马岩松MAD建筑事务所设计的，如今锅炉外部已属危房，无论整体拆除还是重构，内部4个锅炉都肯定会被保留，作为杭钢湖区域的一个亮点。它们也会被部分地应用，比如咖啡馆、餐厅，或者一个码头。

围绕杭钢湖二期，西侧有马岩松设计的产业园区，独栋的花园办公楼，东侧有家琨建筑设计的文体设施建筑，之后将面向体育上下游进行产业招商。

未来游览杭钢园区将有两个理想入口：一是平炼路，二是杭钢湖。

平炼路好比通往杭钢的列车，运河边是未来艺术科技

▲ 杭钢旧址公园小火车效果图©TLS景观设计事务所

中心。从未来艺术科技中心出发，你可以慢慢地走，坐上一列"慢火车"，回到杭钢，感受城市原来的记忆和未来的生活方式。在此，结合运动、休闲、艺术、餐饮，做一个城北一日游。

杭钢湖西边入口将是地铁4号线出口。该入口在设计时预留了一个小轨道，是一条长4千米的环线，观光小火车可以贯穿所有杭钢的工业留存，特别是高炉、焦炉等有特色的建筑；设计方甚至考虑观光火车是否有可能在里面穿行，起点、终点都将在地铁出口，上盖物业、商业配套也都会集中于此。

▲山水环链实景图（摄影：悠小七）

▲大运河杭钢科技产业园、杭钢旧址公园鸟瞰图©MAD建筑设计事务所

工业锈带：
未来生活意象

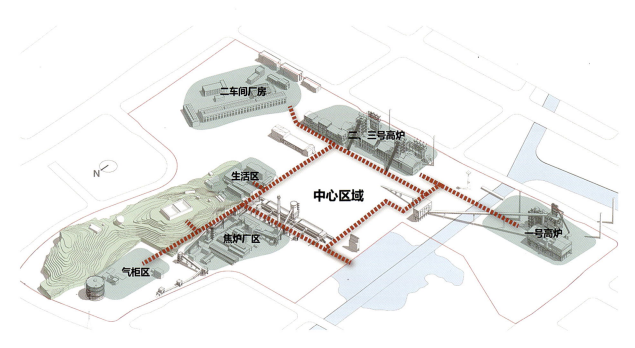

▲ 杭钢旧址公园建筑设计分析图©成都市家琨建筑设计事务所

▲ 杭钢旧址公园1号高炉改造效果图©成都市家琨建筑设计事务所

今后，你可以漫游园区七大山水空间，尽享移步换景之乐。

1号高炉改建为游客服务中心，游客可分别从公园西入口或电车站向南到达此片区。

2、3号高炉和老1号高炉矿槽、铸铁机房改建为艺文活力片区。架空廊在原高炉北侧经过，可以从空中直接到达此地；东侧有多功能厅，屋顶折面上翻，有公共露天小剧场。巨大的草坪可举办大型城市集会、露天音乐节以及特色展览和集市等活动。灯光将烘托高炉的刚毅魅力，变

▲ 杭钢旧址公园2号高炉剖面图©成都市家琨建筑设计事务所

▲ 杭钢旧址公园2号高炉剖面图©成都市家琨建筑设计事务所

▲ 杭钢旧址公园2、3号高炉改造效果图©成都市家琨建筑设计事务所

换演出氛围，将观众情绪调动至高潮，同时灯光也将表达当代园林的宁静意境。

二车间厂房区改建为创意办公区。保留下来的旧建筑布置自由，间植树木，氛围轻松；建筑之间以连廊相连，遇树开洞，形成露天立体园林市集。

焦炉厂及老配煤仓区改建为创意潮流片区，其中老配煤仓改造为空中酒吧餐厅。留存建筑中将插入多个新建筑，高度均低于留存建筑，以表达尊重。同时新加部分拆解为"台"和上部建筑；基座下沉，作为篮球训练馆，上部建筑可做办公使用。

生活区及山上水池区改建为设计酒店片区。此处树木葱郁，环境清幽。90间客房由连廊相接，形成既有江南传统意蕴，又具当代艺术表达的庭院空间。住客可以通过客户区以及西侧的公共酒吧餐厅区的空中廊道，信步由之，来到绿树遮蔽、神秘隐身的原山上水池、现在的带花园咖啡厅的游泳池。住客可以在此眺望杭钢景致，可谓"天上人间"。

此外，园区还将打造时尚体育片区。气柜将建设室内潜水馆；新建筑坡面较缓，与马岭山融为一体。片区将引入运动首店、体育办公等业态，集成室内专业运动综合体，构建城市体育消费新地标。

园区旅游线路可以设计为一天到三天，因为里面有意思的内容短时间内不能体验完全。

一天游主要针对附近的居民，他们可以在此游览、休憩，进行亲子活动，或者参加自己最好朋友的婚礼，园区因此可以作为一个家门口的生活乐园。

关于赛艇项目，如果举办比赛，一般民间大师赛利用的都是周末和节假日的时间，也就两到三天。

如果要去潜水中心参加潜水证培训，最初级的，得花一天时间；进阶一点，5米以下，需要两到三天时间，更高级的、更专业的，时间还要久一点，甚至需要两个星期。

▲ 杭钢旧址公园新建连廊效果图©成都市家琨建筑设计事务所

▲ 杭钢旧址公园新建文体中心剖面图©成都市家琨建筑设计事务所

▲杭钢旧址公园新建文体中心效果图©成都市家琨建筑设计事务所

▲杭钢旧址公园湿法熄焦塔改造瀑布效果图©TLS景观设计事务所

▲马岭山顶无边泳池效果图©成都市家琨建筑设计事务所

▲杭钢旧址公园鸟瞰图©成都市家琨建筑设计事务

　　酒店设施齐全，游客在这里逗留完全没有问题；如果想住得别致一点，就选择简仓酒店。

　　还可以干什么？展览馆里会有一些艺术项目，让人驻足于此，细细体味园区的深度；咖啡吧、矿槽餐厅、马岭山的落日、望宸阁的攀登，都会让你徜徉其间，流连忘返。

　　杭钢，是能够看到过去、体会现在、憧憬未来的所在。它可能是一个生长中的"钢铁迪士尼"，将给未来留出可能。未来正向历史发出时间的邀请。

小河公园：跨越时空之桥

小河油库：
江南运河孤本地

▲现在小河直街上的市集

倘若让时光倒流三年左右，我们沿着小河直街往北走，走到街的尽头往东眺望，就能看见那大大小小三十几个银白色铁皮罐体了。阳光照耀下，这些巨大的罐体闪烁着灼眼的光，让人联想到某种神秘的宝藏，抑或威力惊人的武器。

这就是由来已久的原中石化小河油库。

▲小河油库旧照（摄影：威廉）

说它由来已久，是因为它建于1951年6月18日——新中国成立初百废待兴之时，是浙江省建立的第一座现代化油库。其时，中央贸易部发文批准在杭州新建桶装油库，其地点为城北小河地区天香弄，储油能力1万桶。1953年至1955年，因经济发展所需，商业部又拨款60余万元，对该油库进行了扩建。考虑到四周皆有民居，经浙江省财政经济委员会和杭州市人民政府确定，扩建后的油库不再储存汽油，主要储存、收发柴油和润滑油。

不难想象，在燃料供应品种比较单一且实行完全意义上的计划经济的年代，小河油库的重要性该有多突出。它的供应范围辐射整个杭州及其周边地区，甚至辐射到了皖南地区，在广大区域承担起为经济建设"输血"的功能。资料显示，20世纪50年代到60年代初，它的年油品吞吐量高达56万吨。

天香弄原先就在小河直街的北侧。那片运河边上的街区约摸在清朝初年形成，曾是船民泊船的地方，搭建了清一色的低矮简陋民居。不过，这片民居也常有热闹时光。每临开船长途远奔，船民们总要对天敬一炷天香，以祈求平安。那个时候，整个街区香烟缭绕，把这里叫成天香弄确是理所当然。

运河畔这个曾经飘荡着祈香的街区，在新中国成立后成了严禁火烛的油库重地，但天香弄所蕴含的平安之寓意却留传了下来。据油库的老油工说，油库自建成直到关停，在他的印象中从未发生过重大安全事故。

"在我小时候，油库里还只有那些小小的储油罐，后来这罐子越来越多，也越来越大，那7个最大的罐子，好像是20年前造的。"一位住在附近的老人站在小河支路上，指着围挡墙里的那片空地描述，"靠运河那边还有一座油库的专用装卸码头，以前白天黑夜都是船来船往的，我们还能闻着一丝丝的柴油味儿，后来这味道就没有了。这油库的管理是很不错的，里面环境也蛮好。"

我站在已被拆得七零八落的油库围挡墙之外，透过缝隙向里面张望。看上去特别平整的空地上，好几台挖土机在施工作业，三两个技术员模样的人指指点点。靠近运河那侧的装卸码头早已空了，伸入运河的专用装卸平台还在，堆了不少建材。一切像是热闹与安静的混合体，又让人感觉安静之后将会有一番新的热闹。围挡墙把拱墅人称

▲建设中的小河公园（摄影：悠小七）

▲小河、运河、余杭塘河三河交汇口（摄影：张闻涛）

一是这里有三条河流汇聚，即自北向南的京杭大运河、自西向东的余杭塘河以及自西北向东南斜着插入余杭塘河口的小河（再往北即为西塘河）。三条河四个方向，竟在一个点上汇聚，这在杭州市内是绝无仅有的。

二是此处历来就是交通要道。自明清以来，这里陆续形成了漕运北新关（运河—小河油库对岸）、原京杭国道（杭州至南京，原路线从今湖墅北路康家桥、和睦路等处经过）和江墅铁路拱宸桥站三大交通节点和纽带，扼杭城北部交通要津。一句话，"运之三水""国之三通"是这一地块的重要特征。它号称"江南运河孤本地"，又谓"活着的东方文化驿站"，其实都与千百年来的水陆交通发展密切相关。小河油库当年在此择址建造，当然有其理由。

还有第三点，那就是如上述那位大妈所言，小河油库在此存在，使得运河西岸运道出现了一段阻塞。说这里是运河游步道的最后一块"补丁"并不为过。后来油库区域建造了300多米运道，但因其处在油库基地围墙内，无法实现贯通，这里便成了断头路。70年时间过去了，这里的居民从未贴着运河西岸自如往来，总是隔墙兴叹，无疑也是这里的特异之处。

为"运道"的一条运河游步道拦腰截断了。

"运河边的整条运道，就差这一段了。每次走到油库这里，我们要么从这条运河支路绕过去，要么飞过去。"挎着马甲布袋的大妈喉咙很响，红光满面，看得出是个乐于健身的人，"这一带的环境现在有多好，桥西、小河直街、大兜路都已改造成了历史文化街区，青莎公园也搞得特别好，连老外来了都不肯走。但这个油库像一只只桩头，活生生地断了这条运道。运道怎么可以断呢？不过现在好了，有希望了。"大妈的脸上堆起不无憧憬的笑容。

的确，从三堡船闸到石祥路以南这段运河的两岸，小河油库所在的这一地块着实有些另类。

▲小河人家（摄影：悠小七）

三方面特征，三个有异于别处的地方，注定了它在城北加速发展的关键之时会使出一番不同凡响的动作。

隈研吾：
都市里的谦逊

"在人们的概念中，以往的拱墅区是个老工业区，渣土码头、铁路货运北站、油库、电厂等都集中在城北这一带。随着时间的推移，这些老工业时代的产物对当前大城北的产业发展、环境提升存在较大影响。"拱墅区委负责人表示，要破解以上功能性制约问题，小河油库就是其中的关键环节。

2012年，小河油库的年吞吐量缩减到24万吨，2014年缩减到了12万吨，到了2016年，33个油罐中只有7个在工作。这说明，约10年前，小河油库已开始悄悄进行搬迁工作。一切已是大势所趋。

历史性的一幕在21世纪第二个十年末尾开启。2019年6月5日，拱墅区与中石化集团浙江分公司正式签订了小河油库征收协议。一个月内，小河油库实现了全面关停。同年10月，小河油库开始实施拆除作业，存续近70年的工业历史建筑由此退隐。小河油库的关停和拆除，是继杭钢半山生产基地关停之后，杭州推动大运河文化带建设、助力大城北崛起的又一座重要里程碑。

而在此前的2010年3月22日，"浙江杭州石油公司小河油库建筑群"列入杭州市第五批历史保护建筑，包括三座单层坡屋顶的仓储大房、一个钢混构筑的雨棚和三个油罐。

2020年9月，小河公园建设方案公示，这块土地即将走向新生。

▲ 单层坡屋顶的仓储大房和油罐（摄影：子夷）

建设中的小河公园究竟长得怎么样？时任杭州运河集团文化资源综合保护建设有限公司董事长、总经理楼烨说，首先一条，它将是大城北地区、运河南端两岸的一座特色文化地标公园。"地标"这两个字，在此既醒目又很有分量。稍详细点说，小河公园项目占地包括原中石化仓库和小河运输公司地块，共4.94万平方米，建筑面积约2.4万平方米，其中保留油库仓库建筑约3600平方米。项目分两期建设，一期为小河公园及公共地下停车配套，二期为运河文化创意产业的服务配套设施。项目建成后，小河公园将串联起运河沿岸历史街区，提升区块品质与价值，成为运河旅游的重要节点。那个原有的专用装卸码头也将被彻底整修，作为历史遗存予以保留。地块上无需征迁居民，但地块的西面和北面已有多处大型的商品房住宅小区。

当然，小河油库地块改造成公园后，运河西侧的游步道将被全线打通，一直延伸到大城北示范区的运河湾。健身者走到这里，再也不用拐来拐去地找了，运道已畅通无阻。

▲ 俯瞰小河公园与小河直街（摄影：停香）

▲小河历史文化街区（摄影：悠小七）

　　"我们致力于将小河公园打造为'小而精''精而美''美而强'的公共艺文空间，项目建设内容包括公园、配套码头及跨运河人行桥三部分。"楼烨说，"小河公园建设的主要目标是为周边居民提供户外活动空间，打造家庭性亲子公园，同时打造具有国际影响力、城市名片效应的商业艺术共同体的文化地标，并串联运河沿线各街区，成为运河水上旅游产业的重要节点，这也是小河公园规划设计的思路和理念。"

　　楼烨介绍，小河公园的功能定位主要体现在两方面。一是以国际化视野的设计理念打造小河公园。立项之初，杭州市运河集团在国际公开征集招标设计方案，作品遍布世界、建筑风格融古典与现代艺术为一体的隈研吾设计团队中标。二是体现在用绣花功夫打造小河公园，针对地处大运河、余杭塘河、小河三河汇流处的优势区位，把多种文化进行创造性转化与创新性发展，实现大运河文化、小河历史街区文化及小河油库文化三种特色文化的融合，践行"保小河风貌，延运河特色"的初心。

　　按照这一思路，"小而精""精而美""美而强"成为小河公园成为特色文化地标的重要支撑。小河公园不

▲ 隈研吾（图自隈研吾建筑都市设计事务所）

大，不足5万平方米的地块上，建筑面积仅2.4万平方米，而且还有依照《文物保护法》保护的历史建筑群，那三座单层坡屋顶的仓储大房、一个钢混构筑的雨棚和三个油罐只能进行修缮和保护性利用，不能任意移动或改变其结构。不采用绣花功夫，不把它作为艺术品来打造，根本没法把这个袖珍型的地方打造得精致、优雅、舒适，打造得颇有江南城市范儿，做到"整体风格巧妙融合传统与现代，与周边环境浑然一体"。这里的每寸土地都值得细细打磨，每寸土地上的每一个细节都不能马虎。

　　"在前期，我们已经做了大量的场域研究、文化研究和业态研究，对小河公园地块的周边环境、文化底蕴、业态特色、民生需求和城市发展肌理等各个方面，进行了全面细致的分析研究，形成了一个大致的方向和定位，为项目设计和实施做好了基本的铺垫。小河公园这一项目的设计和建设，当然还得与《杭州市大城北地区规划建设三年行动计划（2018—2020年）》的要求结合起来，与把大城北地区打造成为具有高生态价值、高生活品质、高经济活力的'运河文化+'大走廊，与和谐宜居、富有活力、特色鲜明的生态文化高地这一目标相符合，这是前提，也是根本。"楼烨说。

▲小河公园总平面图©同济大学建筑设计研究院（集团）有限公司

　　小河公园地处大城北规划建设范围，是城北保护开发整体规划建设的重要组成部分。从陆路来看，小河公园的建成将推动从三堡船闸到石祥路以南运河两岸的贯通工程，将密切加强桥西历史街区、小河历史街区、大兜路历史街区的联系，成为连接三大历史文化街区的重要纽带；从水路来看，小河公园是运河水上旅游产业的重要节点，通过具有旅游属性的配套码头，将进一步完善现有运河水上交通体系，进一步丰富旅游线路、打造多样化旅游产品，推动运河打造杭州文旅融合、水岸互动的创新高地。

▲小河公园人行桥效果图©同济大学建筑设计研究院（集团）有限公司

毋庸置疑，小河公园的设计和建设并非易事，独特的运河文化、小河文化、油库文化等历史文化因子必须得到彰显，城北地区"千年运河文化、百年工业文化、展现独特韵味、营造别样精彩"的定位必须得到契合。戴着镣铐跳舞，必须跳得美轮美奂，还需掩去那条镣铐的痕迹，这个技巧肯定是特别高了。不是强人所难，更不是求全责备，运河南端黄金地段的这块宝地，要的就是这样的靓丽夺目、完美绝伦。

隈研吾，世界著名建筑师，享有极高的国际声誉。其设计的建筑，融古典与现代风格为一体。2020年东京奥运会主体育馆就是他的作品之一。他的作品还获得过国际石造建筑奖、自然木造建筑精神奖等，他可称世界一流设计师。在中国，隈研吾及其团队的作品有北京长城脚下的"竹屋"、北京三里屯SOHO、上海Z58水/玻璃、浙江嘉兴THEBHS包豪斯国际家居研发中心，以及杭州中国美术学院象山校区的民俗艺术博物馆等。在展现融合古今、就地取材、建筑与环境相融合的"隈研吾风格"前提下，每个项目都有独特的韵味。

长城脚下的"竹屋"是隈研吾中国作品的典范之一。

▲长城下的公社"竹屋"（图自隈研吾建筑都市设计事务所）

"竹屋"的大部分建筑材料是玻璃、竹子等常见而普通的材料，恰到好处地融入了周围的自然环境之中，体现出环境融合上的另一种可能性。"通常，一座位于高度开发区域的建筑往往会是一座悲伤的建筑。而我想要做的，是一种温暖的、可以感受到人类触碰的建筑。为了抵达这种理想，即便建筑位于现代化的闹市，我还是希望保留人文元素。"隈研吾曾经如是说，而这正是他的作品最鲜明的风格之一。

有人曾经说过，如果"优雅"意味着有效和简洁，那么，已经有太多评价将"优雅"用来形容隈研吾的建筑作品了。然而，当这种"优雅"到了隈研吾那里，就成了"谦逊"。对此，隈研吾还说过一段话："我不会使用'优雅'这个词，我用'谦逊'。谦逊对我而言是至关重要的，如果建筑中的某个细节过于强烈、抢眼，势必会破坏整体环境的和谐。同时，我也希望我的建筑作品能够以谦逊的姿态矗立于它所在的环境。我认为，我的建筑具有一种自然的属性，身处其中的人能够更深刻地感受与大自然的亲密。"

从隈研吾的这两段话语，我们已能感觉到未来的小河公园与他的理念多有合榫。

小河公园的"网"感

2019年9月，隈研吾率团队来到正在拆除中的小河油库进行实地考察。在运河边，隈研吾不停地用手机拍照。听了有关运河南端历史文化的介绍，他对拱宸桥、小河油库等地的历史建筑非常感兴趣，说了好几遍"Amazing（特别棒）"！

在小河油库的老仓库中，隈研吾看到那三座单层坡屋顶的仓储大房，看到它们顶部保留下来的波浪形屋顶与黑色防水涂层，就对身边的团队成员说，这个特别好，应该保留下来。也是在那段时间里，除了实地察看，隈研吾还

▲ 小河公园油罐装置改造意向图©同济大学建筑设计研究院（集团）有限公司

与建设单位等相关部门进行了接触、交流，以了解杭州方面的设计要求。2020年3月，当小河公园概念方案征集暨方案深化设计入围单位结果公示时，有三家设计单位通过了设计方案的初选，隈研吾团队的方案赫然在列。

　　"隈研吾团队的设计方案，以'网'为主题概念，通过不同的分区、连接，从理念上、空间上将大运河、小河历史街区和工业建筑遗存有机串联，整体风格巧妙融合了传统与现代，与周边环境浑然一体。"楼烨不无钦佩地

▲ 小河公园人行桥意向图©同济大学建筑设计研究院（集团）有限公司

说。自意大利旅行家马可·波罗通过水路入杭城后，京杭大运河与国际交流有着天然的契合度。隈研吾团队的设计方案，以国际化视野的设计理念精心打造，符合大运河文化公园标志性项目的建设要求。

　　在隈研吾团队设计的方案中，公园、零售、展览空间、码头、人行天桥，是与该项目直接相关的几个关键词。隈研吾团队在设计方案中提出，前小河油库已经存在于世界遗产大运河的河岸上数十年了，现在该地区遍布居民和游客，因此不再适合重型工业设施；小河公园将接管这个废弃的工业用地，此处将被改造成供公众使用的多功能开放式公园。

　　未来的小河公园将成为文化和历史遗产的新枢纽，又将逐渐融入充满活力的杭州城市生活。跨运河人行桥和公园内ETFE材料云棚蜘蛛网联结是最吸引人的两大亮点。一张像冠层一样的精致的网将覆盖公园的主要路网，并向各个方向延伸，以欢迎来自各个方向的游客，这是这一方案的基本思路。方案将保留4个历史仓库和3个油罐，将其进行翻新以用于展览空间，并垂直连接景观装置。在保存仓库建筑时，将使用考登钢与裸露的混凝土和红砖相匹配，从

而保留该地域的独特工业标识。大型圆形下沉花园，将为新建的零售区带来阳光和绿化。而这一切，都充分考虑了这一地块所蕴含的历史价值，将人为干预降到最低。

必须一提的是，在这个设计方案中，那座人行天桥是亮点中的亮点。这座Y型桥梁以一个极其优美的姿势飞跃于运河之上。任何人来到此地，他的眼光首先将落在这座桥，他也会不由自主地走上一走。

这座桥梁的线条不无现代感，但又恰到好处地吸收了中国传统石拱桥的元素。在运河南端，这无疑是一座独特的人行天桥，它一头连着小河公园以及不远处的小河直街，一头连着对岸的青莎公园，把当下与过往、传统与现代、中国与世界连在了一起，且毫不违和。这很可能是运河上最独特、最现代的桥了。到时，你走在桥上，不仅是走在桥上，更是走在风景里，神奇地穿越一段时空。

不过，即便是与世界一流的设计大师及其团队合作，在设计过程中，建设单位还是得与他们保持密切的交流，尤其对于一些细节，因此双方免不了碰撞、探讨乃至争执。

"可以说，从着手设计开始，我们与他们的沟通就没有停歇过。我们有我们的要求，他们有他们在设计技术上的考虑。有的时候，双方免不了各执己见、互不相让。这种争执、争论对于方案细部的最终敲定，肯定是有利的。"谈到小河公园项目设计最后的定夺过程时，楼烨禁不住感慨。世界一流的设计团队自然有他们的规矩或曰风格，这让"楼烨"们颇为受益，可"楼烨"们对于该项目设计完美的追求、近乎苛刻的做法，也让对方感知到这一项目和建设单位非同一般。

▲小河公园建设前后对比图（摄影：陈丽宇）

▲小河公园的昼与夜对比（摄影：停香）

是的，小河公园项目并不很大，但它所承载的意义和价值不可小觑。杭州运河集团文化资源综合保护建设有限公司成立时间并不太长，可对于如何打造历史和生态文化精品，已经有了自己的思考和做法。

2020年12月，小河公园项目顺利取得建设工程规划许可证，标志着该项目审批手续办理取得重大突破，项目进入了工程建设的实质性阶段。而到了2021年的盛夏，这里已然是个真正意义上的建设工地。

2022年10月1日，小河公园建成开放。开放后，小河公园得到中央、省市等50余家主流媒体聚焦报道，成为杭州运河边的新地标和网红打卡点。

▲1号仓库音乐厅效果图

▲2号仓库当代艺术馆效果图

▲花阶浮亭（摄影：悠小七）

▲改造完成后的小河公园（摄影：楼嘉孝）

▲ 改造完成后的小河公园油罐装置内部细节图（摄影：停香）

水上产业拓展：城市记忆的活化利用

杭州门户

建造武林门码头的念头，始于1972年7月。据《杭州交通志》载，其时，杭州市交通管理局革命委员会提出建造计划书，申请把原位于湖墅卖鱼桥北的客运码头，移至"环城北路杭州标牌厂和红太阳展览馆的对面，码头水域在原密渡桥对面城河的南面，西面靠近草坝底"。工程包括客运码头（含雨棚、护坡工程）、候船大厅和客运配电间等，其中客运码头的结构形式为框架式阶梯型和平台型相结合的钢筋混凝土码头，候船大厅的结构采用新颖的网架结构，面积3216平方米的大厅内无一根立柱，为当年最先进的设计。整个武林门客运码头的总造价近100万人民币。在纸币最高面额为10元的当年，100万元绝对是个难以想象的天文数字。

几经申请批复，武林门码头1977年开工建设，1978年12月竣工。1981年1月20日，经过专家们的反复论证及必要的修补加固，候船大厅地面沉降的问题终于得到解决，码头正式启用，同时卖鱼桥北的老码头废用。驶往无锡、苏州的航船"呜呜"叫着，犁开千年运河水，从两岸密集的工厂中间穿过，隐入远方的烟水。

▲1979年11月，武林门轮船码头投入使用（图自"杭州发布"微信公众号）

20世纪80年代的武林门为什么会成为全杭州最热气腾腾的地方，近乎简单粗暴地取代了先前的市中心官巷口、湖滨龙翔桥？就是因为这里除了已有的武林门长途汽车站、公共汽车中心站（后改为公交一公司）、红太阳展览馆等，又相继矗立起了杭州剧院、武林门码头等一批夺人眼球的建筑，并因此汇入了源源不竭的人流。民航售票处以及后来的红太阳小商品市场又为之助力。不消说，在这纷繁喧嚣的市景中，武林门码头无疑是一个不可或缺的、颇为醒目的角色。

倘若你在30年前就已居住在杭州，或者经常出没于杭州，你肯定看到过在红太阳展览馆之北（也就是运河从北面过来折往东去的那个湾口），环城北路杭州炼油厂之东，有一幢长方形箱式建筑，它巨大的门楣上方有着"杭州"两个红色灯箱大字，一看就像是车站码头的标识。没错，它就是当年的杭州客运码头，杭州人俗称它为"武林门码头"。

▲1999年前后的武林门码头，当时西湖文化广场所在地还是一片厂房，环城北路上的汽车也极少（供图：吴定璋）

说它不可或缺，说它颇为醒目，一是因为当年前来杭州的人中，有不少就是搭了航船来的，武林门码头是他们抵达杭州以及离开杭州的第一站，这幢方方正正的箱式建筑就是杭州的一大门户；二是因为从本质上说，武林门码头不仅是这幢宽敞明亮的候船大厅，还包括候船大厅背后的码头平台，据说刚建好时，该码头岸线总长就达到了198米，同时泊上20条船都没有什么问题。这是什么概念，想必已不用多说。岸线之外，与码头相连的水面，也是码头延伸的一部分。在这条一头连着杭州，另一头连着北京的千里大运河上，武林门码头据说是规模最大、设施最完善的客运码头，能不醒目吗？

▲20世纪90年代左右从武林门码头看向运河上拍婚纱照的情侣（摄影：章胜贤）

▲20世纪80年代左右炼油厂地块（武林门码头一带）航拍（供图：仲元）

武林门码头的嬗变

武林门码头是被高速公路，被越来越便捷、快速的公路交通逼上转型之路的。

20世纪90年代中期，建造高速公路的热情已燃起。在中国大地上，尤其是在东部沿海地区，高速公路的建造力度愈见强劲，其中沪宁高速和沪杭甬高速两条公路分别在1996年和1998年全线开通；同时，更加纵横密布的国道和省道也被修整得越来越通畅。加上那跑得飞快的新型客车不断投入使用，人们还用得着再坐船，花10到12个小时才抵达200公里开外的苏州、无锡吗？

"其实当年的杭苏班船、杭锡班船之所以还能维持到20世纪90年代初，不单是因为不追求速度，更是因为它们有杭州人最喜欢的黏糊糊的情调。那个年头的小年轻，包括小夫妻，都喜欢拿着一本诗集，背诵着'月落乌啼霜满天''夜半钟声到客船'的唐诗，乘着夜航船'一路困醒到苏州'，他们是去找浪漫的。但这些人毕竟是小众，很难形成稳定的、长期的客源。班船在速度和便捷程度上失去优势之后，一旦丧失了客源，被淘汰是必然的。我们可以理解为：当年的杭苏班船、杭锡班船，都只是杭州水上运输产业的1.0版。"孙乐是杭州市运河集团水上发展集团有限公司总经理，说起武林门码头以及以运河运输为主的水上产业发展滔滔不绝，如数家珍。

20世纪90年代中期，似乎一夜之间，有着地标意义的武林门码头候船大厅消失了，在原先的地块附近，省海事局的机关大楼拔地而起，后来又被坤和大厦替代。"但原先客运码头的这一地块。并没有完全被新建的大楼占去，原址地块的主要部分仍是在的。这里后来又新建了武林门码头，主要是作为水上巴士站而存在。" 这是藏在杭州市民记忆里的更替。

站在杭州大厦往外眺望，眼前的武林门码头规模不大。倘若你不是杭州本地人，或者对运河水上运输缺乏了解，很容易与这座码头擦肩而过，把它忽略掉。

事实也是这样，现今的武林门码头开通了水上巴士和游船，提供钱塘江夜游项目，往北可以通往塘栖，往南可以通达钱塘江。但真正前来乘坐的人不多，近些年来受新冠疫情影响，码头稍显冷清。

▲现在的武林门码头（摄影：子夷）

▲远眺武林广场、西湖文化广场（摄影：肖奕叁）

然而，武林门——这个地名意味什么？那简直是杭州的代名词啊！一个无需争论的事实是，在城市核心区，没有比这里更具深度开发价值的地方了。街衢繁华，寸土寸金；水陆相接，八面来风；而蕴积了千百年的文化，又让这里成为一处古今融汇的核心区。在建设和利用这一地块时，任何一种潦草和怠慢，都是无法接受的浪费。

不消说，武林门客运码头原址及其周边接下来的一轮嬗变将是革命性的。

▲2008年时黄昏下的武林门轮船码头（摄影：章胜贤）

码头焕新实践

2021年5月，杭州市发改委批复武林门码头及文化公园改造提升项目。随即，该项目着手实质性推进，安排开工建设，预计于杭州亚运会召开前改造完成并投入使用。

"这次改造提升十分彻底，将以现有武林门水上巴士码头为中心，把空间向陆域、水域拓展延伸。主要项目包括武林门码头改造、环北公园及码头南岸绿地区域营造，将在功能、服务、景观、空间等方面，有效改造提升武林门码头滨水公共空间，扭转原有武林门码头滨水空间的陈旧形象，构建崭新的、有活力的城市新形象，提升周边生活环境和生活质量，努力打造高品质的杭州核心城区户外旅游和休憩空间。"孙乐介绍，改造提升的目的是建成展现国际品质与千年运河有机融合、滨水联动与水岸共赏的世界级城市滨水公共空间，实现《浙江省大运河文化保护传承利用实施规划》中提出的构建"运河文化旅游休憩长廊"这一任务，而所有项目工程都力求在亚运会召开前完工。

▲水上巴士经过拱宸桥（摄影：悠小七）

▲武林门码头一带改造区块图©上海大舍建筑设计事务所

改造提升武林门码头滨水空间不单是为了构建"运河文化旅游休憩长廊"。此前发布的《杭州市建设交通强国示范城市行动计划(2020—2025年)》文件已明确"深化交旅融合……打造精品旅游航线，推进之江、运河新城等水上旅游集散中心以及梅城、运河新城、三江口区域等游艇基地建设"的水上旅游发展目标。这无疑是一个极其诱人的目标，其中最亮眼之处即推进交通与旅游的融合发展。由此可知，升级改造武林门客运码头项目是其中一个案例，具有标杆性意义。

杭州作为国际性旅游城市，它的任何一个建设项目与历史、文化、旅游等扯上关系似乎都是理所当然的，武林门码头也是如此。

▲湖墅里富义仓码头，曾经这里还是私人游艇码头（摄影：章胜贤）

杭州历史资源之丰厚，在这里得以鲜明体现。从航运的角度来理解，作为世界非遗项目的京杭大运河，其终点不是在拱宸桥、江涨桥、卖鱼桥或与钱塘江相通处，而是在这个旧称北关门、余杭门的武林门。先前的内河码头曾出现在市河、中河（龙山河）、东河等处，但运河（城河）的水上运输始终占据着一个重要位置。宋元时期，在今武林门外的运河上，主要负责竹木运输和漕运的那处港埠一直存在着，"余杭抽解竹木场"就设在南宋时期的该段运河边。这是专门收取竹木运输和交易税收的机构，也说明了这处港埠的重要性。另外，自唐宋至元明清，送往京城及北方的粮食都要通过市内各条河流，经过这里再运往仁和仓、富义仓等古粮仓，而清乾隆皇帝数度下江南，驾临杭州时，虽然多在江涨桥附近下船登岸，但因余杭门距江涨桥并不太远，皇帝及皇太后、皇后、众多嫔妃、王公大臣等随从登岸后沿着专门修筑的御道进城时，第一站免不了就是余杭门……一句话，在杭城十大城门之一的武林门，运河的最南端，运河与曾经的城河衔接处，千百年来发生的事情不要太多。

文化总是与历史紧密相连，无论是它的本质、内涵，还是个性、特色。武林门码头以及周边，其移易迁变，其积累沉淀，始终与城市发展紧密相连。蕴含于武林门地区的，不仅有运河文化、港埠文化、商贸文化等传统文化和非遗文化，还有娱乐文化、休闲文化、城市景观文化等当代城市文化。众多文化遗存和文化现象在此交汇、聚集，熔铸成独特的、个性别具的杭州都市文化。不能说武林门是杭州最有文化的地方，但它在文化渊源、文化样式上的千姿百态、丰富多彩，在我们这座城市里显然是罕见的。

▲武林门新码头建设实景图©上海大舍建筑设计事务所

至于旅游，其与武林门码头的密切关系更已无需多言。有专家指出，在不远的未来，把京杭大运河作为城中发展的一大主轴，与杭州城市整体上的跨江发展并不矛盾。从某种意义上说，杭州这座因运河而兴的城市，在今后发展中仍以运河为轴，是城市核心区发展的题中应有之义。按这样的思路，武林门码头与西湖文化广场、大运河等一起，将构成杭州城市中心最具有影响力的商旅文化中心。

▲武林门旅游码头改造前

大运河之于杭州的地位如同黄浦江之于上海的地位一样不可或缺，而武林门码头将成为杭州整个商旅文化中水上旅游文化的不可替代的枢纽。

而根据前述杭州市水上旅游发展目标，在"十四五"期间，杭州市的水上旅游事业的发展将不限于杭州中心城区现有的内河，还将包括整条运河杭州段、整条钱塘江以及钱塘江的部分支流，向西可直通千岛湖甚至更远。奥体安保码头、浙江第一码头、六和塔码头将进行提升改造，闻堰码头、之江袁浦码头、富阳小沙码头、东梓关码头、桐庐坞泥口码头将予以新建。旅游通航里程将出现飞跃式增长，旅游服务的品种将大大增加，旅游服务质量也将明显提升。如此情状之下，作为杭州商旅文化中心重要节点的武林门码头及文化公园项目的建设，其作用和意义显然已大大溢出了项目本身，成为毋庸置疑的标杆性项目。

"我们可以把建设中的码头及公园称为新武林门码头及文化公园，该文化公园即是以武林门码头和水上运输发展为内容的主题文化公园，它以新的设计概念、新的建造

手段、新的功能，恢复城市记忆，瞻望城市未来。它也是水上文化旅游业的创新动作！"说到武林门码头的未来，孙乐辅之以一定的手势，充满着蓝图规划的热情和憧憬。

▲武林门码头改造意向图©上海大舍建筑设计事务所

按照杭州市发改委的批复，新武林门码头及文化公园项目东至中山北路，南临环城北路，西接杭州大厦坤和中心，北临大运河，总用地面积约20252平方米，要求杭州亚运会召开前改造完成并投入使用。

这次项目改造的内容将以现存的武林门码头为中心，将空间向陆域、水域拓展，让运河从过去以客货运为主的水上运输产业转变为文旅产业。直观地说，武林门码头是改造，文化公园则基本上是新建。项目将重点增加运河及武林门历史文化内容的展示，展示方式将借助于现代科技手段和艺术手段。同时，原有的候船区域将从露天移到地下，新武林门码头将通过功能、服务、景观、空间等全面的提升，形成滨水公共空间，从而成为新的城市打卡地。

"这个把水上巴士码头从露天移到地下的设计方案，是新武林门码头的一大亮点。我们将建造一个低于地面的

▲武林门码头改造意向图©上海大舍建筑设计事务所

从码头起始的全域水上拓展

亲水平台，乘客将先从地面'降'至地下，亲历一次妙趣横生的空间穿越：依着水平面，由岸上跨到船上。这样的乘船方式绝对是富有诗意的。"孙乐介绍。

▲武林门码头改造意向图©上海大舍建筑设计事务所

文化公园的建设则始终与新武林门码头形成一个整体。比如改造后的武林门码头，其岸线将一直延伸至中北桥堍，也就是说，从坤和大厦到中北桥，运河的南岸都将是码头，都可能停泊各类船只。而码头的上方，便是文化公园了。公园与码头无缝连接，再与运河无缝连接，三者行云流水般融合在一起，这实在是天才般的设计！事实上，这样的设计符合未来新武林门码头承载大客流、高品质的现实需求，也与文化公园作为城市之肺、运河之肺的特性相契合。不能把城市建成密不透风的水泥丛林，码头和公园也不能只有一种呈现形式，而这全新的码头和文化公园，将为人们提供一种别样的旅游文化体验和当代城市文明体验。

▲武林门码头改造意向图©上海大舍建筑设计事务所

发展水上旅游业，毫无疑问是杭州城市发展尤其是文化旅游发展的必由之路。一个简单的道理是，进入新世纪以来，杭州旅游市场规模持续高速增长，但游客始终集中在西湖、河坊街、西溪、宋城等几个主要景点及相应旅游线，缺乏新的旅游亮点。不过，在宏观政策的支撑下，运河、钱塘江水上产业成为杭州旅游新亮点与增长极已是顺理成章的事。

"从国家层面和长三角区域一体化的层面来看，发展大运河文化旅游产业将作为大运河文化保护传承和利用的主要内容，统筹规划建设大运河、新安江上下游两岸景观，加强跨区域的旅游合作开发已是大势所趋，推动旅游航道、游艇旅游等水上旅游发展将成为交通强国建设的重要举措。而随着行业的发展，水上产业的内容不断丰富，不再停留于传统意义上的水上交通、观光产品，逐步向高附加值休闲度假游发展，观光型、旅居型、休闲型、交通型等水上旅游产品将不断推出。大运河上会出现私人游艇，这不是很有趣的事情吗？"对标巴黎塞纳河、伦敦泰晤

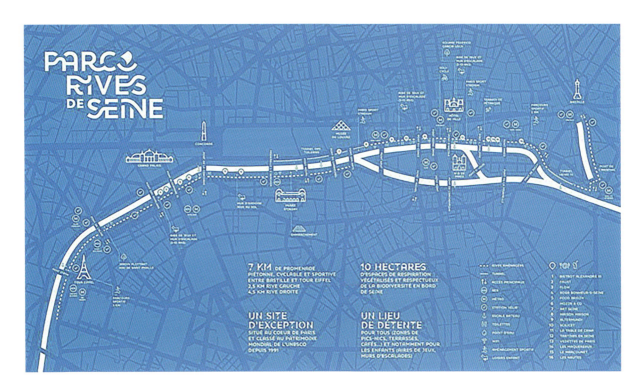

▲巴黎市政府创建了塞纳河畔步道（PARC RIVES SEINE）品牌并发布品牌标识——DESEINE。塞纳河畔步道向世人宣告这座城的本质：无忧无虑、创新、活力、优雅、欢乐、热爱美食、开放友善。如今这片市中心河畔空间已经成为巴黎最具活力和场所魅力的地方

士河、上海黄浦江，杭州拥有运河、钱塘江的丰富水系资源，在现有政策、旅游市场的支撑下，杭州有能力、有条件开发丰富多样的水上旅游精品，打造新的增长极。

如今，杭州水上发展集团有限公司正在承担这一任务，包括开展对外协调工作，获取运河、钱塘江码头场站资源；优化现有产品内容，通过消费制造、对外拓展来提升运河水上旅游的市场竞争力；整合统筹运河、钱塘江的水上旅游营销管理，提升集团水上板块的整体运营效益。

依照杭州市运河集团总体发展规划，下一步，杭州水上发展集团有限公司的发展策略是布局水上全产业链投资及运营：利用水上巴士规划线路延伸，布局码头场站资源，再进一步开发下游的旅游产品与服务，壮大集团水上板块；争取码头资源，巩固资源垄断优势；在保障水上公交服务水平的同时，创新、培育经营性业务，提高盈利能力，树立标杆品牌。

"我们的业务眼下已拓展到千岛湖，势头看好。接下来，整条富春江—钱塘江的文化旅游项目都将陆续推出。3年内，钱塘江水系将建设布局5个码头场站，向上游拓展至

▲武林门码头建设实景图（摄影：悠小七）

桐庐县；同时，京杭运河水系将建设布局15个码头场站，重点聚焦于大运河新城。在这样的发展态势下，新武林门码头作为标杆性码头，它的改造有多重要，已经不用多说了。"孙乐说，目前杭州的游艇消费市场尚处于空白阶段，尤其是在主城区，个人游艇、俱乐部市场为空白，当游艇市场一旦走热，富春江—钱塘江以及运河必将是最好的航道，新武林门码头也将承担起游船码头的新角色。"新武林门码头的作用会越来越大，关于它，我们还需要

更丰富的想象力！"

一座国际性旅游城市应该有哪些世界级的水上旅游产品？成为国内一流、国际知名的水上文旅标杆企业究竟需要走多远？一座标杆性内河码头的矗立对水上旅游发展将意味着什么？把文旅发展史作为主题的文化公园，在整个水上旅游业中将体现怎样的作用？……所有问题都将有令人兴奋的答案，精彩即将陆续呈现。

▲武林门码头新客运中心实景图（摄影：停香）

▲武林门码头实景图（摄影：马西峰）

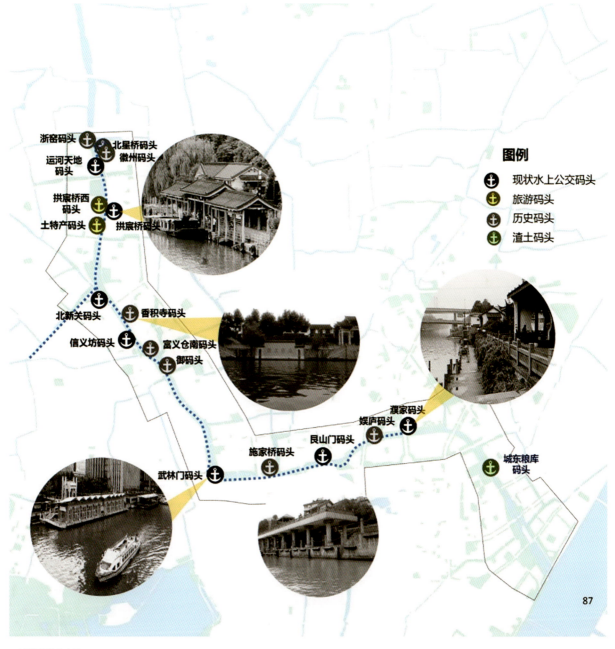

▲大运河码头分布图

谢村水上客运中心

▲谢村码头实景图，考虑此处成为未来"苏杭班"的始发地

运河湾：走向国际滨水旅游产业空间

▲ 运河湾综合体意向图©浙江绿城建筑设计有限公司（GAD）

运河湾TOD

2020年12月，运河湾国际旅游休闲综合体一期项目（杭政储出〔2020〕9号、10号地块商业商务娱乐康体用房项目）顺利取得建设工程规划许可证，由此标志着该项目已基本完成项目建设前的审批手续办理。一期项目随即进入了工程建设阶段。

上述文字绝不只是一条类似商业广告的社会新闻。它不仅意味着一处房产开发项目的顺利获批，更说明在大城

北示范区的核心区块，一座具有绝对标志性意义的商业特色街区即将崛起。

"我们打造的是以休闲商业中心、国际游艇中心、水上旅游集散中心这三大中心为特色的国际旅游休闲综合体。这个项目已被列入杭州市八个TOD标杆示范项目之一，这一点意义重大。"时任杭州运河集团投资发展有限公司董事长马炯如是说。

说得具体一点，这一运河湾国际旅游休闲综合体项目的位置，即在拱墅区留石高架与上塘高架西北角，紧依大运河之东（少部分地块在大运河西侧），属大运河新城核心区南片，东至上塘路，西至通益路，南至石祥路，北至莫婆桥河；周边配套成熟，交通便利。项目距运河商圈约3千米，距武林广场和西湖景区约10千米，距火车东站约14千米。这样的距离，在地面路网十分完善、地铁快速延伸的当下，自然可算是咫尺之遥。何况打造运河湾的目的之一，就是在未来的大运河新城内形成一个不逊于老城区的

现代商业中心，麇集大批时尚名品店家，提供高品质的吃喝玩乐一条龙服务。到那时，我们还有必要再花力气去老城区、去遥远的地方寻找同样的甚至不及此地的快乐吗？

当然，运河湾国际旅游休闲综合体不仅能提供购物和娱乐，其定位、功能、特色十分丰富。"这个项目的定位，可以概括为'五个一个'：一个站航一体的枢纽门户；一个记忆共鸣的运河水岸；一个站景共融的活力港湾；一个艺文生发的未来社区；一个自然共生的立体城市。其功能是紧紧围绕文化体验、休闲娱乐两大主题定位，结合运河、管家漾码头等元素，打造集经典餐饮、特色服务、个性零售、休闲社区、运河文创于一体的现代与中式古典相融合的商业特色街区。项目建设特色表现为集轨道交通、水上交通、城市公交的立体交通网络，独有的管家漾水岸资源，大型的公共开敞空间，地上地下空间的一体化打造。"马炯说得十分清楚。

管家漾码头

事实上，若让时光倒退10年、20年，甚至更久，这一带的景况与眼下可谓大相径庭。

70多年前，这段运河和这片土地位于拱墅区、上塘区与杭县的交界处，行政区划屡有变迁；20世纪60年代之后属上塘人民公社瓜山大队（1984年后相继改称上塘乡瓜山村、上塘镇瓜山村、上塘街道瓜山社区）。由于紧依运河，且有一处天然河湾，这里的渔业、运输业向来发达。当地农民以种植、打鱼度日。广阔的土地上建起了座座简陋的村庄。

▲20世纪60年代的瓜山一带

▲运河湾综合体案场区位图

上塘、瓜山、管家漾……这些地名究竟从何而来？上塘，是因为上塘河贯穿全境而得名；管家漾一带地势偏低，河漾密布，这一地名显然是因某个村庄大户而得名；而瓜山，难道是因为这里曾经有一座瓜状或像"瓜"这个

▲管家漾码头一带施工现场图（摄影：停香）

字的山？这似已无法求其甚解。但有一点可以推断出来，那就是相较于别处，瓜山一带地势偏高，乃至曾经凸起。怪不得这段依原有河流拓宽成的运河，在此拐了一个大大的弯。

瓜山的管家漾、康桥的谢村一带，因为就在运河边上，运输业向来发达。1956年，为加快建设发展需要，两地决定在管家漾之北的谢村建造浙江内河第一码头（俗称"谢村码头"），占地面积2000亩。工程由浙江省政府落实建设，在当年绝对是个大项目。而管家漾码头作为谢村码头的附属部分，所承担的运输任务也是不轻的。当时码头运输的以百杂货居多，杭州市场上供应的日用品都是通过船运来的；还有就是建材物资，黄沙、水泥、石子比较多。这都要靠人一筐筐抬上岸。

2000年后，早已取代谢村码头的浙江内河码头"老大"——三堡码头，因城市不断外扩，码头发展空间日趋狭小，其散货业务逐渐搬迁至管家漾码头。管家漾码头再次热闹起来。之前，三堡码头的年吞吐量曾达到140万吨，是华东地区建筑钢材主要集散地之一，钢材供应量约占杭城市场的80%。搬迁到管家漾码头之后，建筑钢材的集散

地也转移到了这里，它一度有"钢材市场码头"之称。而谢村码头则渐渐成了渣土码头。

"至2006年，管家漾码头的设备全部到位。这一时期，正是各个重大基建项目纷纷上马之际，尤其是房地产业极其兴盛，钢材需求量大，港口吞吐量迅速增长，从最初的每月5万吨猛增到2009年的每月30万吨，主要涉及建筑钢材等货物。"杭州市港务有限公司老员工回忆，当时的管家漾码头因拥有公路、水路对接的优势，很快形成了较大规模的物流市场，包括杭钢在内的全国主要钢厂、近千家钢材经营单位都选择这里成为集散点和销售点，形成了一条较为完整的以各类钢材为主的物流产业链，还辐射到了浙江其他城市、江苏、上海、安徽、福建等周边地区。

然而，随着钢材及杂货码头的再度外移，管家漾码头的地位渐渐不如以前。2008年，崇贤港建成开港，成为目前华东地区最大的钢材交易市场。而到了2011年底，位于富春江畔的东洲综合作业区投入试运行，结束了杭州港没有集装箱专用码头的历史，省内首条集装箱海河联运航线由此开通。2016年7月，东洲内河国际港开港，京东、亚马逊、阿里等知名商业巨头相继入驻杭州跨境电商东洲物流园区……不用多说，管家漾码头从昔日的繁华走向没落，已是难以避免的事。

码头的功能虽已退化，但这块宝地的价值没有下跌。相反，由于大城北地区的加速开发，尤其是在此地被列入大城北示范区的核心区块后，其独有价值更加凸显。

▲2005年，运河"钢材码头"掠影（摄影：章胜贤）

▲ 运河湾轴测图©MVRVD

▲ 运河湾平面图©MVRVD

运河湾三大中心

拟建的运河湾国际旅游休闲综合体项目总用地面积26.64万平方米，地上开发体量约52万平方米，其中住宅类13.6万平方米，商业或商务类37.9万平方米，总体开发顺序由西往东。具体说来，一期用地4宗，均为商业用地，总用地面积7.21万平方米；二期用地3宗，均为商住用地，总用地面积9.15万平方米；三期用地3宗，总用地面积10.70万平方米。项目利用滨水特色空间，结合管家漾内港资源，导入旅游休闲、文化创意、特色商业等核心功能业态，打造集经典餐饮、特色服务、个性零售、休闲社区、运河文创于一体的现代与中式古典相融合的商业特色街区，"三大中心"为其最重要的特色。

以休闲商业中心、国际游艇中心、水上旅游集散中心作为"三大中心"之所以会成为这一综合体的特色，区位优势是第一因素。

▲运河湾施工现场图（摄影：停香）

"前面已经说过，运河湾国际旅游休闲综合体项目地块所拥有的区位优势十分明显，甚至是难以复制的。丽水路下穿隧道的出入口就在项目地块上，京杭大运河、留石高架在不远处呈立体交叉，地块距拱宸桥北地区仅一路之隔，通过瓜山立交桥马上可以进入上塘高架；往南便是老城区，往北就是湖州、南京；前往临安区、黄山、嘉兴、上海等地，也都有高速公路相通。"马炯说，"把这一地块列入大城北示范区的核心区块，自然是有道理的。仅是在区位交通上，这里就起着承南启北、连通东西的城市节点作用。当然，更让人不可忽视的，还是它独有的管家漾水岸资源。"

管家漾水岸可以说是京杭大运河南端的一处"异类"。在极少有岛屿、基本无湾汉的运河杭州段上，就在管家漾水岸，运河竟然出现了一段极短的分支，由此构建出一座"十分标准"的半岛，而那段运河的分支便成了港湾，管家漾码头原先的港池就设在这段曲径通幽的运河分支上。毫无疑问，这样的地形是设置港口的最佳地形，港池里能停蓄船只，设立码头，而那座半岛则是理想的码头装卸区。现在，这半岛和湾汉成了国际旅游休闲综合体绝佳的地理形态构成。

▲运河湾透视图 ©浙江绿城建筑设计有限公司（GAD）

例如，在运河新城单元GS1201-6至GS1201-7、GS1201-14至GS1201-18等地块上，项目设计建筑团队就有意识地借助了这处半岛和这个湾汉，计划打造一个三面环水的旅游休闲综合体。"在综合体里绝大部分建筑的任何一个房间，只要打开窗就能看见水面，只要走出门就能与水亲近；在高度相对较高的房间，还能俯瞰运河两岸的风光，欣赏两岸灯火璀璨的夜景，那绝对是一份美妙的享受！"马炯认为，做足以"独有的管家漾水岸资源"为定位的文章，是运河湾项目其中一个最闪亮之处。

"一个站航一体的枢纽门户"同样是一大闪亮之处。所谓站航一体，就是说这里今后将是杭州运河水上巴士的一个站点，同时又是一处水陆集散中心，还是游艇、游船的休憩地。市民和游客可以搭乘公交等陆上交通工具往来于此，也能借助水上巴士在此上下，游艇和游船则可以在此停泊、维护。站航一体的完善功能将使这里真正成为旅游休闲船舶的"家"。同时，这里又是运河及其他通道自北进入杭州的门户。它作为水路的必经之路、陆路的重要枢纽，注定将给抵达杭州的域外人士留下"第一印象"。

▲由杭州市运河集团精心打造的新型"汉宫号"效果图

"这个站航一体的概念是宽泛的。我们在规划中，计划在此打造15分钟混合社区，集中建设面向多主体的公共功能。改变原有的尽端式集散道路，构建联动基础。此外，还将强化轨道交通、水上交通支撑，完善接驳，同时构建起高品质慢行网络系统，构筑'公交+慢行'顺畅出行链。"马炯认为，地铁14号线经过这里，并在此设置运河湾站，从本质上说只是个时间问题。只有各类交通设施趋于完善，才能为沿线密集职住开发提供客源保障。

建设运河湾，当然还少不了它厚重文化底蕴的展示。前面已经说过，运河湾项目所在的地块原为杭州市港务有

▲运河湾国际旅游休闲综合体一期效果图©凯达环球（亚洲）有限公司

限公司管家漾码头。如今，虽然码头的装卸运输功能、物流供应功能已完全退化，业态发生了彻底改变，但码头的种种遗存仍在，公众关于它的记忆仍在。曾经的历史并没有消失殆尽，而是以文化的方式留传下来。当年，数百吨级的货运船舶满载着钢材缓缓进入港池，好几台龙门吊忙碌地进行着吊装作业，戴着安全帽的工作人员在场地上奔波……如此这般的情景曾日日在管家漾码头呈现，深铭于人们的脑海之中。

同样不能忽略的，是管家漾作为杭州的钢材物流中心，与原来仅有数里之遥的杭钢集团有着千丝万缕的联系。如果没有近旁的杭钢，当年的管家漾码头就没有那样热闹，码头就很难成为钢材集散地。这绝不是夸饰之辞。而如今，位于综合体项目之北、同样地处运河两岸的"城北之心"，与杭钢旧址公园连成了一条历史年轮带。尤其是杭州现代工业的遗存都在这条历史年轮带上，不可避免地成了打造综合体项目的存量资源。

的确，轻易抹去这些历史记忆是不合适的，也是不必要的，相反，在打造国际旅游休闲综合体过程中，应该有意识地恢复和传承这一文化记忆，不但要让人们记起运河码头昔日的兴盛，记起当年城北工业区的兴盛，更要在今后进一步弘扬码头装卸和运河运输文化，使之成为又一大亮点。

▲商业广场透视效果图©凯达环球（亚洲）有限公司

"一个记忆共鸣的运河水岸，这是运河湾项目的又一定位。记忆共鸣，指的是通过对历史的集体记忆，通过对运河湾的今昔对比，人们产生共同的怀想、共同的心愿，对国际旅游休闲综合体产生认同感、亲近感，这便是文化独有的魅力。"马炯介绍，在目前的项目设计中，特意保

留了码头装卸区原址、部分龙门吊以及部分作业区的原貌，并给予一定的艺术化处理，同时还将设置相应的历史风貌展陈、人文历史标识等，通过多种手段让历史和现实相连相融。让这一切呈现在这个国际旅游休闲综合体内，绝不是一种"硬贴"，更不是一种可有可无的装饰，而是让文化渗透其间，让综合体和人文历史互相融合成一个新的整体。

活力港湾的
艺文生发

互相融合的方法和手段十分多样，比如综合体的整体布局、外观设计，比如综合体内各幢建筑的分布和格调，又比如室内的装饰和物品摆布等，无一不与码头装卸和运河运输文化发生关联。从整体到细部，从硬件到软件，从外在形态到内在气质，文化的渗透虽然润物无声，却又无处不可见。

有了前述两个定位的体会和理解，接下来的三个定位——一个站景共融的活力港湾、一个艺文生发的未来社区、一个自然共生的立体城市——就好理解多了。

关于站景共融，"站"无疑是上文所提及的水陆集散中心，"景"自然是运河水景、城市新景，以及综合体本身的美妙景致。几种景致相互融合，使原管家漾码头两侧更显美轮美奂。不过，在这一定位上，综合体本身的景致极其重要，它是让人们目光聚拢的地方。

根据运河湾项目设计稿，在大运河西侧的GS1201-14、GS1201-15地块上拟建的"四季园"，把春、夏、秋、冬四个不同的季节风貌融合在建筑中，无论是外观色彩、线条、植物还是内饰、灯光，所有元素都让各个季节的独特神采从建筑整体和细部中渗透出来，因为这些元素本身就已与建筑相融——物相融，景相融。无

疑，这不仅是船舶的港湾、游人的港湾，更是美景的港湾、活力的港湾。

▲ 庭院透视效果图©凯达环球（亚洲）有限公司

有关艺文生发，从规划上说，一是将其融入运河4.0产业发展设计框架，打造沉浸式体验与艺文栖居；二是以此为起点，完整构建大城北艺文体系，与周边板块形成差异分工与紧密联动。毫无疑问，不同于前文所述的与历史文化记忆产生共鸣的是，艺文生发不单是说当代的艺术文化在此生发、麇集，使此地成为一处充满创新意味的艺文天堂，也是说麇集于此的艺术家，包括专业的和玩票的，都怀着积极主动的心态，都有着蓬勃无限的创造力。没错，这与"未来社区"的定位是相匹配的。"未来社区"是什么？它是围绕社区全生活链服务需求，以人本化、生态化、数字化为价值导向，以未来邻里、未来教育、未来健康、未来创业、未来建筑、未来交通、未来能源、未来物业和未来治理9大场景创新为引领的新型城市功能单元。不得不说，在这样极为人本化和极具现代感的新颖社区里，哪能没有生生不息、不拘绳墨的美妙艺文？

"天地与我并生，而万物与我为一。"这是战国时期庄子所撰《齐物论》中的句子。在一条流淌了千百年的运河边，在郁郁葱葱的绿树花草掩映下，在江南肥沃的大地上，你用不着怀疑，这座即将茁壮拔节的大运河新城正是大自然的一部分，它的每座楼厦、每层楼面，都将显示出大自然永不凋谢的生命力。它生长着，按照自然法则顶破地皮，抽出幼芽，成长为一棵参天大树，扩充成一座葳蕤繁茂的自在天堂。自古以来，与自然共生，就是人类的一大梦想，但要真正实现又是何其难！这份悠久的愿望，如今正在这里一笔一画地被勾勒出轮廓。

湾（管家漾码头）六大方面建设，只有这样，才能打造出一个'不一样的大城北'。"马炯不无信心地表示，项目团队将按照建设大运河国家文化公园和大城北核心示范区标准，通过运河湾综合体项目的建设，发展文化旅游产业，并利用区域独有的文化赋值，将此地打造成高品质的滨水旅游产业空间，同时构建出有杭州特色的"千年运河"文化旅游品牌体系。

▲ 综合体沿通益路透视效果图©凯达环球（亚洲）有限公司

是的，运河湾综合体项目不是一个传统的商业地产项目，它在归类上属于旅游地产项目，体现了体验经济时代的发展方向。现代的都市人生活节奏快，工作压力也大，都渴望能放松身心，远离城市的繁杂。因此，该项目的城市设计深化方案尽可能从建筑高度、城市天际线、不同视角等维度重新定义城市意象；通过屋顶花园、滨水街道、项目内街等实现多样化的自然体验，将广场绿地系统、艺文节点空间、空中连廊、水上交通及岸线等有机结合，打造公共脉络及节点建筑。项目也将充分考虑都市人的第三居所需求和度假休闲需求，以国际化的空间体验、文化创意，满足人们日益多元化的职住需求和消费需求。

运河湾，运河湾，这个"湾"的含义十分丰富：既是休养生息的港湾、生命活力的充电站，又是理想的孳息地、文化的殿堂、灵魂的家园。

"配合推进文化+产业发展，推进'一带、一轴、一心、一岛、一区、一湾'，即运河景观带、城市发展轴、文化交流展示中心、运河文化岛、文化产业集聚区、运河

▲综合体沿通益路透视效果图©凯达环球（亚洲）有限公司

▲ 运河湾商业水岸意向图©凯达环球（亚洲）有限公司

大运河未来艺术科技中心：
科技艺术维度下新能源城市塑造

炼油厂曾是化石能源产业的巅峰代表，矗立在运河畔，为人们提供重要的动力和温暖。如今，当我们再看杭州炼油厂的园区，同样的太阳光辉投下，但它已经历了一场华丽的蜕变，从化石能源的殿堂迈向了清洁的太阳能能源生产地。这是技术的进步，也是对生态平衡的尊重和对未来可持续发展的承诺。

sun powered
architecture
太阳供能的建筑

a cultural highland
一个文化高地

post-oil
future
park
后油厂公园

adaptive reuse
of cultural heritage
文化遗存的适应性再利用

▲ "太阳能城市"核心组成元素©MVRDV

▲ "太阳能城市"整体鸟瞰效果图©MVRDV

在杭州炼油厂旧址上，MVRDV以此营造了一个约18万平方米的"太阳能城市"，它由一个充满文化底蕴的艺术高地、一个被赋予憧憬的后油厂未来公园，以及太阳供能的新建园区和经过巧妙改造并置入新功能的工业遗存组成。

项目也由此划分为四个独具特色的功能区域。北区融合了工业遗存，形成了独具特色的艺文商业街区；南区打造创意办公空间，激发创新活力氛围；位于地块核心的演艺中心为城市注入了独特的艺术文化魅力。最后，有机连接各功能区域的后油厂未来公园将成为人们休闲娱乐的绿色胜地，为城市居民提供宜人的户外体验。这四大区块的有机组合使整个项目呈现出多元而充满活力的城市风貌。

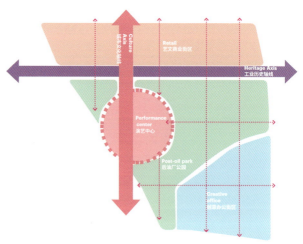

▲功能分区©MVRDV

▲创意产业园效果图©MVRDV

▲艺文商业街区效果图©MVRDV

▲演艺中心效果图©MVRDV

众绘运河：我们想象的未来大运河新生活场景

大运河国家公园的
杭州样板

郑时龄

（建筑学专家、中国科学院院士、法国建筑科学院院士、
同济大学建筑与城市规划学院教授、同济大学建筑与城市
空间研究所所长、同济大学中法工程和管理学院原院长）

京杭大运河是中华文明的象征，是国家文化公园，也
是世界文化遗产；是世界上里程最长、工程最浩大的古代
运河，也是最古老的运河之一，与长城并列为中国古代的
伟大工程。大运河对中国的经济、文化发展与交流，特别
是对沿线地区工农业经济的发展起到了巨大的作用。

水是人类资源中历史最悠久的资源，维系人类生命，
为城市带来活力，提供交通，灌溉土地，自然流淌，滋养
生命，沉淀杂质，荡涤万物，澄清自我。水自古以来就是
生命和智慧的象征，是知识的源泉，是理解人类行为的准
则。水培育了城市文化和城市精神。人类与城市伴随着
水、伴随着对未来城市的理想一起成长。水是杭州的生命
和源泉，也是杭州的象征。

全长约39千米的大运河杭州段正在经历一场深刻的根
本性变化——既是大运河的变化，更是杭州这座城市大运
河两岸滨水空间的变化。为了河道的保护、传承和利用，
依托大运河世界文化遗产公园的建设，发扬杭州的文化和
环境优势，杭州市运河集团谋划了大运河杭州段的文化发
展，建设大运河国家文化公园。大运河国家文化公园集产
业、创智、文化、生活、环境的更新为一体，借鉴国内外
的优秀案例，突出"创新人文杭州"，让杭州的山山水水
焕发新的活力。建设以人民为中心的城市成为面向未来的
城市更新的核心要素，彰显了杭州迈向未来的重大发展战
略目标。

习近平总书记在考察清华大学时提出："把更多美术
元素、艺术元素应用到城乡规划建设中，增强城乡审美韵
味、文化品位，把美术成果更好服务于人民群众的高品质
生活需求。"

在宏观发展目标的引领下，杭州市运河集团规划了一
系列高品质的文化和艺术事件，建设滨水公共空间和景观
大道，举办科技和艺术节庆活动，将文化和艺术植入城市
空间。运河集团还规划建设大运河未来科技中心、京杭大
运河博物院，推动工业遗存保护和活化利用、城市综合体
建设等文化和艺术地标，而且已经启动了多项建设和城市
设计，让我们能充分形象地想象未来的城市场景。

从这一系列的宏伟蓝图我们可以预见，未来的杭州是
一座融合了看得见的和谐与看不见的和谐的人民城市。打
造大运河国家文化公园的杭州样板，使千百年来对杭州的
赞颂成为现实；实现世界级滨水空间和文化走廊的目标，
使杭州具有更深厚的国际影响力，成为一座充满理想、憧
憬和激情的社会主义国际文化大都市。

新式的城河关系、城市发展与文化共生

▲畅想中央景观大道（插画：俞仟奇）

单霁翔

（故宫博物院原院长、故宫学院院长）

中国大运河是一个包括京杭大运河、隋唐运河、浙东运河在内，绵延3000多千米、历经2500多年、涉及今天35个城市的线性遗产。在2014年，中国大运河成为世界文化遗产。

杭州是京杭大运河的南起点。杭州的物产惠及了运河沿岸的民众，也将杭州的文化传向更广阔的地区。同时，运河为杭州带来了更多的财富，影响了杭州的城市格局。一条河，一座城，在地理空间上交错，在时间进程中交织，在传统文化上交融，形成了独特的关系。大运河之于杭州，已成为一张靓丽的"金名片"。

大城北示范区建设以运河杭州段为轴线，以沿河分布主城区为核心，向外扩延拓展，成为辐射带动全城文化产业发展的核心区域和产业聚集地。城市格局里排布了许多集聚能量的建筑体散点，以线性的公共空间进行串联，形成地理区位上的连贯性组织，把运河文化融入当下民众的生活方式，这样的区域空间规划，形成了山水互构的美学格局，对江南文化的激活与延续作出了巨大贡献。

京杭大运河博物院也将为大运河与杭州注入新鲜生命力。在京杭大运河博物院，人们可以倾听运河诉说的古老故事，感受运河相伴的城市变迁，体验运河发展的历程变化。杭州市运河集团的规划设计理念，在可见的城市环境里创造了新式的城河关系，在不可见的精神世界中注入了运河的文化内涵，对城市发展与文化共生探索实践具有重大意义。

大运河文保开发的建设伦理

许 江

（中国美术学院原院长）

大运河在中国的地理版图上是一个重大的文化、地理、政治、经济地标，是中华文明生生不息的大动脉。在这里，我想提出大运河文保开发要坚持的"建造伦理"的理念，也即我们要提升到人类影响、人类伦理的高度来认识大运河的文保开发。建造伦理包括两个方面：一为建设伦理，一为语言伦理。

大运河文保开发的建设伦理，是由大运河的地理脉络、自然生态、区块定位、航运要求、社区人群、运营管理以及未来的终极关怀等决定的。杭州多年前提出的有机更新的基本理念，在大运河今后的文保开发中仍可以全面借鉴。以大运河的文保来拉动江南城市的营造，从而形成一系列诗意稀奇的精品品牌，让人们穿越古今，摹画中国江南人的生活，是吸引我们去做的事情。目前我们已经形成全民、全地对建造伦理重要性的认识。今天，你往大运河里倒一点水、扔一点纸屑，大家都会觉得这是不对的。这一伦理认识功德无量。实际上，多年来我们真正的城市建设始终如一，把大运河当作重要的家园进行建造。大运河建设不仅是一河一地的规划，也是中华大地、人类价值实现的共同理想。

大运河文保开发的语言伦理，包括大运河的自然生态、显著特征、家园形象以及承载这些地方特质的材料特点，人类理想的终极关怀及其在这个基础上的创新和最后的行动或活化。大运河是活的歌，与城市生活的唇齿依存，是华夏文化的摇篮。大运河文保开发不仅要保护旧的、古的，还要催生活的、新的。它不是过去时，而是进行时。

大运河国家文化公园将会是公园与民生相容、河埠和城市交错的方法、现象，不能套用一个过去的公园的概念。要呈现这一新的现象，最难的是如何实现自下而上的民心、民智的统一。这涉及社区人群的生活生态、经济的运筹、管理的产出等等。这些技术性建设问题将成为大运河文保开发改造真正的核心问题。

历史的震撼
以人为本

胡 坚

（浙江省委宣传部原常务副部长、浙江省钱塘江文化研究会会长）

杭州市运河集团编辑出版《运河理想：一座遗产城市的未来生活》一书，很有意义。我曾几次阅读过大运河国家文化公园（杭州段）建设概况和大运河国家文化公园（杭州段）标志性项目方案，为这个方案大胆的构思、前瞻的眼光、精心的规划、巧妙的布局所折服。这个规划，是杭州人民的运河理想，也是每一个关心大运河发展的人的心中梦想。我期待这个规划早日落地，成为杭州地标与中国大运河的一个重要窗口。

在规划的设计与建设中，我也提几点建议。一是城北是杭州工业遗存最多的地方，也是杭州最后的工业遗存所在地，在现代化、时尚化的建设中，要高度重视工业遗存原汁原味的保护问题，特别是一些旧的建筑与工业管道等，一定不要粉刷，让"破与旧"在现代化的氛围中产生一种历史的震撼与与众不同的美感。二是各种建筑的设计要充分注意历史文化个性符号的表达与体现，充分体现杭州的城市辨识度与个性化，充分落实习近平总书记对杭州提出的"独特韵味、别样精彩"的要求，也全面落实最近中共中央办公厅、国务院办公厅印发的《关于在城乡建设中加强历史文化保护传承的意见》的要求。三是各种设计与建设要注意尺度的把握，要坚持以人为本，不过多地追求大广场、大公园、大建筑，要以人的舒适为宜，体现亲民性、可参与性与可进入性。

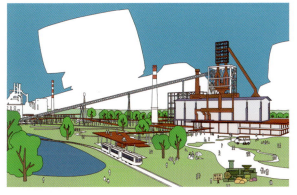

▲畅想未来在杭钢的一天（插画：俞仟奇）

市民和游客流连忘返之地

白谦慎

（浙江大学艺术与考古学院原院长）

千百年来，大运河在中华民族的政治、经济、文化生活中发挥了重要的作用，也成为人类文明史上的一个奇迹和值得珍视的世界文化遗产。在今天，充分认识、开发、利用大运河蕴藏的历史文化价值，将其有机地融入现代生活，成为大运河最南端的城市——美丽杭州——的市民和各地游客流连忘返之地，对于提高广大民众的生活质量和文化自信都具有重要的意义。《运河理想：一座遗产城市的未来生活》一书，正是基于上述这些理念来规划设计大运河国家文化公园（杭州段）的思想结晶。

多层次文化叠合的城市更新之路

吴 越

（浙江大学中国新型城镇化研究院原院长、浙江大学建筑工程学院原副院长）

中国城市发展在经过了波澜壮阔的快速成长后已进入一个新的精深化发展的阶段，迫切需要更为成熟的态度理念来指导实践。杭州大运河国家文化公园项目正是一个充满挑战但又兼具示范价值的实践案例。大运河国家文化公园项目地块兼具两重属性，除了丰富的运河遗产外，还保留了厚重的工业遗存。如何处理两种不同的文化遗存是项目开发者所面临的重大挑战。

杭州市运河集团牢牢把握中央精神，秉持"以人民为中心"的思想统筹推进策划、规划，以专业化的态度体现对文化的尊重，邀请了世界顶级建筑大师参与项目设计并组织评选。在涌现出如京杭大运河博物院等一系列较为精彩作品的同时，也通过"大思路、微更新、小切口""水岸互动、文旅融合"等理念开展对运河老城段的系统提升，努力探索以运河文化为主、多层次文化叠合的城市更新之路。杭州大运河国家文化公园规划设计是新时期城市更新的有益探索，是对未来城市发展理念的积极尝试。当然，城市更新是一项复杂多元的系统工程，如何在继承历史延续性的同时，面向未来发扬运河精神、展现杭州气质，还将面临许多新的挑战。相信杭州市运河集团在下一步的探索中一定会收获新的成就。

杭州思考、杭州路径和杭州实践

李 虹

（杭州市旅游委员会原主任）

习近平总书记对把运河打造成"人民的运河、游客的运河"的要求，是对发挥大运河价值最精准、最本质、最接地气的高度概括。运河者，是以服务人的需要为根本目的、以人力开凿贯通之河。从古至今，大运河一直为我国大一统国家治理格局的形成，对我国人民生生不息的生产生活起着无可替代的重要作用。站在新时代的新坐标上，赓续大运河的历史文脉，回归大运河的价值本源，在大运河的保护和利用上敬畏历史、珍惜当下、布局未来，既是当代城市管理者和建设者的历史使命，更是必须面对的重大命题和挑战。杭州市运河集团提出的《杭州大运河国家文化公园核心示范区的规划设计》以"一切为了人民"为宗旨，以打造"一座面向未来生活的遗产城市"为理念，以中国底色、国际视野、现代手法赋能城市发展，向人们展示了一幅以复兴世界文化遗产、引领城市有机更新的宏伟蓝图，创意地回答了为什么要保护、复兴大运河，怎样保护、复兴大运河的世纪之问，为规划建设大运河国家文化公园的国家战略提供了杭州思考、杭州路径和杭州实践。

▲畅想未来运河水上生活（插画：俞仟奇）

规划引领运河走向新时代

许世文

（浙江省建筑设计研究院有限公司副总经理、浙江省工程勘察设计大师，正高级建筑师、国家一级注册建筑师、英国皇家特许注册建筑师）

　　杭州因水而生、因水而兴、因水而名，大运河与杭州河城一体、互相成就。从隋炀帝时代开挖运河到建国初期大城北工业基地再到2014年的京杭大运河申遗成功，千年以来大运河持续为杭州注入活力。如今大运河新城崛起，保护传承历史文化，融入当代百姓生活，大运河几经变迁，依然站在时代的潮头。《运河理想：一座遗产城市的未来生活》一书很好地诠释了大运河新城的重构理念：沉淀城北工业区的历史记忆，结合大运河的文化遗产和自然风光，打造出独具特色的宜居都市环境。随着杭州市运河集团主持的大运河新城规划的实施和十大标志性项目的落地建设，新时代的大运河将呈现更新的气象，大运河新城也将成为人民宜业宜居、文化底蕴深厚、山水景色秀丽的示范之城。作为杭州大运河新城建设的参与者和京杭大运河博物院项目的中方设计负责人，我切身体会到大运河新城规划的意义和京杭大运河博物院建设对大运河新城的重要性，也深感肩上责任之重，目前我和团队正在尽心尽力地把世界顶级大师的美妙构思转化成实施蓝图，力求将它原汁原味地呈现在大运河畔。相信在杭州市运河集团的精心策划管理和建设者的共同努力之下，历经千年的京杭大运河（杭州段）必将焕发出更新的生机和活力！

世界滨水城市空间更新

对杭州的启发

赫尔佐格和德默隆事务所的泰晤士河沿岸更新：串联城市文脉的文艺新区

从工业废弃遗址到如今人人蜂拥而至的艺术腹地，以泰特现代美术馆为标志的泰晤士河沿岸区域整体更新，是全球最知名的滨水区开发更新案例。

伦敦泰晤士河曾是英国最重要的经济要道，河流南岸的传统工业区自20世纪80年代起就因污染严重、产业老旧而日渐没落。90年代开始，泰晤士河南岸租金便宜的大型仓库吸引了不少艺术家自发前来，由此形成了一个文化艺术新区。2000年，在河湾发电站原址改造设计的泰特现代美术馆率先落成开放，配合千禧桥、伦敦眼和圣保罗大教

▲ 泰特现代美术馆

堂等地标建筑，进一步串联了城市文脉，形成了崭新的南岸风光。

与当时的许多建筑师理念不同，由赫尔佐格和德默隆事务所（熟悉的他们又出现了）操刀改造的泰特现代美术馆，在保留原建筑极具时代特征的工业特色外壳的同时，对内部进行了符合美术馆功能需求的适应性改造。以新观念、新设计与原建筑结合，赋予工业遗产新生。2016年，以苏美尔金字塔为原型的泰特现代美术馆扩建新馆"开关室"（Switch House）正式开放，年均约600万人次的游客慕名而来。

工业时代的废旧材料和特征，成为一种后现代的艺术媒介和审美情趣。此外，以莎士比亚环球剧场、伊丽莎白国家剧院为首的文化艺术机构不断策划、更新展览、戏剧、演奏会等艺术活动，吸引人们多次到访。

荷兰MVRDV的首尔炭川河和汉江滨水区更新：人与自然的平衡

▲ 首尔炭川社区和滨水区域改造意向图

首尔是韩国的文化、政治、经济中心。汉江自东而西穿城而过，将首尔分成了南、北两部分，对于城市的发展也起着至关重要的作用。汉江沿江区域自20世纪80年代起就持续进行复兴开发。

2019年，首尔市发起"改造韩国首尔炭川社区和滨水区域"的设计竞赛，来自荷兰MVRDV团队（熟悉的他们又出现了）的方案"织物（The Weaves）"胜出。项目位于首尔蚕室区前奥林匹克竞技场和江南中央商务区之间，旨在改造炭川河和汉江的滨水区。

按照计划，设计团队首先会将河流恢复到自然状态，用郁郁葱葱、蜿蜒曲折的河岸代替笔直的硬性景观，随后发展相互连接的路网，用更便捷的人行道为游客们提供与自然生态接触的机会。小径交织成结汇入广场，在河面上升起并形成一个交叉路口，以人行天桥连接江南区和奥林匹克公园。这些小径既是观景台，也将形成剧场、咖啡馆等服务于市民公共生活的娱乐、休憩空间。

蚕室区是著名丝绸生产地。形似缠绕的丝线般的小径既呼应了这一文脉，也象征着汉江这条川流不息的母亲河。方案使行人、自行车道、自然景观和公共设施交织在一起，在城市中心将人与自然紧密融合的理念极具吸引力和趣味性。

在荷兰MVRDV的创始合伙人威尼·马斯看来，首尔正在以惊人的速度将灰色和陈旧的基础设施改造为生动的绿色和社交空间。

▲韩国首尔炭川社区和滨水区域改造意向图©MVRDV

波士顿南部海岸更新：知识型创新性滨水区

位于美国波士顿南部海岸的潘恩码头，20世纪曾是一片废弃的工业厂房和停车场。1998年波士顿政府开始筹备更新计划，引入咨询机构"都市策略"（Urban Strategies）参与规划。改造后的区域被划分成9个混合了住宅、酒店、办公、零售等多功能的小尺度街区。为了使滨水空间利用最大化，规划不仅提出打开滨水区，形成水上幕布等创意设置，更计划通过不同人群在滨水岸线的集聚，为更多样的空间活动和共享利用提供可能。

2010年，波士顿政府更进一步将潘恩码头甚至整个波士顿南部水岸打造为"知识型创新性滨水区"，积极引入创新创业型中小企业。在市长托马斯·M.梅尼诺（Thomas M. Menino）的演讲游说下，三年后，近80家科技类创业公司在此落地开花。

2014年10月，位于滨水区中心地段的区域空间（District Hall）正式开放。作为世界上第一个面向公众的"市民创业中心"，它标志着潘恩码头"知识型创新性滨水区"的建成。

作为"共享经济"的范本，建筑内部大厅既可用作容纳百人的大型会议空间，也可随时切割成小空间来使用；可移动的工作桌椅、流动小摊位以及可供创业团队开会的弹性空间设置，吸引了大量人流，带动了区域经济发展。

▲区域空间意向图

由此向周边拓展辐射，它就不单是纯粹的旅游区，还是居民工作生活和城市创业者的聚集地。波士顿南部海岸既是滨水空间的全新尝试，也为"共享经济"提供了一种新的可能。

"东京文化资源区"构想：大型赛事和疫情影响下的城市构想

2014年，"东京文化资源区"构想正式提出，旨在借助东京奥运赛事，将东京东北部遗留的一系列文化资源进行整合，形成"文化特区"，以期在2020年以后创造出新的东京。

"东京文化资源区"涵盖谷根千、根岸一带以及上野、本乡、秋叶原、神田、神保町、汤岛等地区。仅仅半径2千米的徒步圈，曾是江户时代宗教、文化和商业的中心，在二战后高度发展过程中鲜少进行大规模开发，因而保留下了珍贵的跨越近代、现代和当代的文化资源。

具体来说，谷根千拥有町屋和路地街道风景等"生活文化资源"，上野有博物馆群和东京艺术大学的"艺术文化资源"，本乡有东京大学的"学术文化资源"，秋叶原有漫画、动画等"流行文化资源"，神保町有旧书店街和出版社的"出版文化资源"，汤岛有汤岛天满宫和汤岛圣堂等，神田有神田祭等继承江户传统的"精神文化资源"。

这些文化资源宝库各自分散，缺乏联系，没有联结成为一个整体得到显现。为了改变这一状况，"东京文化资源区"构想计划通过6个方针实现整个区域的联结，使其成为整个地区文化向心力的根基，从而形成新的东京旅游模型，并逐步转化为21世纪东京的文化遗产和创造力：

1.借由东京奥运的东风，进行文化资源的彻底调查和可视化；

2.创造制造业、手工业与知识、艺术相遇的场所；

3.通过政府、民间、产业、大学之间的交流，体验并培养地区创造性人才；

4.建立公共城市实验研究室、地区培育点以激发"艺术×产业×社区"的相乘效应；

5.积蓄和编辑地区的传统、历史知识资源，建立和有效利用文化档案；

6.对建筑物、景观、河川等历史、文化、环境资源进行再利用。

"东京文化资源区"的建设大致分为3个阶段：2014—2016年为前期策划阶段，文化资源会议以"东京奥运会文化项目"为名进行提案，同时通过研讨会的形式构建地域资源的联结；2017—2020年为中期准备阶段，拓展目前已经开展的活动，同时扩大内部团体合作项目；2021—2030年为远景规划阶段，计划借助区域景观法的法律效力，提升文化资源区的国际知名度。

除了开设项目学校、文化资源的档案化和数字化等特色文化资源利用项目，整体步行回游路线等完善、住宿设施完善（包括既存酒店、寺庙神社民宿的改建）等环境完善项目，资源区还有众多具有地区特征的对策和项目，其中的集大成者就是2020/2021年的首届东京双年展。

在因疫情而推迟一年的东京双年展上，64组日本国内外艺术家和创作者在东京东北部用两个月的时间展开艺术项目。艺术节深入社区，与居民、志愿者一起创作，一些作品随意地安放在地下街或公园，构成城市的一角。未来，东京双年展有望作为固定项目长期运作，从而实现艺术、产业与社区的联结，完成凭借东京文化资源区振兴地域社会的目标。

▲作为ACG流行文化重地的秋叶原

东京奥运会并非该构想的终点，而是整个项目未来的起点。东京文化资源区对城市空间资源的重组以及对文化战略的转换具有重要意义。

▲2022年东京双年展

致谢

　　在国际视野下，杭州大城北示范区、杭州大运河国家文化公园建设以"一流的策划规划、一流的文化地标、一流的开放空间、一流文化活动"为标准，将这块最生动的区域建设成"展示中华文明影响力凝聚力感召力的重要窗口"和"展示我国城市有机更新成果的重要窗口"。项目从城市策划、规划到项目方案设计，汇聚了国内外一流的设计机构和设计师、规划师们，凝聚了他们的智慧与心血。本书在编撰过程中，也得到了他们的大力支持。特此鸣谢！

杭州大城北示范区建设策划、规划：
荷兰MVRDV建筑设计事务所、北京天安时间当代艺术中心

标杆项目设计：

1.京杭大运河博物院
方案设计：赫尔佐格和德默隆事务所
深化设计：浙江省建筑设计研究院

2.大运河杭钢工业旧址综保项目
一期方案设计：成都市家琨建筑设计事务所、Tom Leader Studio
一期深化设计：浙江大学建筑设计研究院有限公司
二期方案设计：MAD Architects Limited
二期深化设计：浙江工业大学工程设计集团有限公司

3.小河公园
方案设计：株式会社隈研吾建筑都市设计事务所
深化设计：浙江大学建筑设计研究院有限公司

4.大城北中央景观大道
方案设计：北京市建筑设计研究院有限公司朱小地工作室

5.大运河滨水公共空间
方案设计：Hassell Limited、刘宇扬工作室有限公司、同济大学建筑设计研究院（集团）有限公司、SWA Group、杭州园林设计院股份有限公司

6.运河湾TOD
城市设计：凯达环球建筑设计事务所
概念方案设计：浙江绿城建筑设计有限公司（GAD）

7.杭钢站TOD
城市设计：SOM建筑设计事务所

8.武林门码头
方案设计：上海大舍建筑设计事务所

9.京杭大运河（杭州段）水岸互动文旅融合提升项目
方案设计：刘宇扬工作室有限公司、中国美术学院望境创意发展有限公司、浙江省建筑设计研究院、杭州园林设计院股份有限公司、南京张雷建筑设计事务所有限公司、VANDESIGN、罗杰团队和浙江大学建筑设计研究院联合体

10.大运河未来艺术科技中心
方案设计：荷兰MVRDV建筑设计事务所、Openfabric
深化设计：浙江工业大学工程设计集团有限公司